数字人文

数字时代的知识与批判

Digital Humanities

Knowledge and Critique in a Digital Age

David M. Berry Anders Fagerjord

[英]大卫·M.贝里 [挪]安德斯·费格约德 著 王晓光 等译

辽宁省版权局著作权合同登记号：图字06-2018-283号

图书在版编目（CIP）数据

数字人文：数字时代的知识与批判/（英）大卫·M.贝里（David M.Berry），（挪）安德斯·费格约德（Anders Fagerjord）著；王晓光等译．—大连：东北财经大学出版社，2019.6（2022.6重印）
ISBN 978-7-5654-3506-5

Ⅰ.数… Ⅱ.①大…②安…③王… Ⅲ.数字技术-应用-人文科学-研究 Ⅳ.C39

中国版本图书馆CIP数据核字（2019）第067367号

东北财经大学出版社出版发行
　　大连市黑石礁尖山街217号　邮政编码　116025
　　网　址：http://www.dufep.cn
　　读者信箱：dufep@dufe.edu.cn
大连永盛印业有限公司印刷

幅面尺寸：170mm×240mm　字数：175千字　印张：15
2019年6月第1版　　　　2022年6月第2次印刷
责任编辑：刘东威　　　　责任校对：吉　扬
封面设计：张智波　　　　版式设计：钟福建
定价：58.00元

教学支持　售后服务　联系电话：（0411）84710309
版权所有　侵权必究　举报电话：（0411）84710523
如有印装质量问题，请联系营销部：（0411）84710711

序　言

　　当今社会正在经历数字化转型，大数据、云计算、人工智能、移动互联网、虚拟现实等新兴数字技术的发展和应用已经成为驱动社会经济、科技、文化发展的新动力。数字化浪潮为人类认识世界和改造世界提供了有效的工具，同时也对人类社会的生产和生活方式产生了深刻的影响。新兴数字技术对自然科学、社会科学、人文科学三个学科大类的科学研究均产生了全面而深刻的影响，单一学科可能不足以解决新的技术环境下出现的研究问题，这对学科交叉融合和理念转型提出了新的要求。数字信息技术对人文学科研究的资源类型和研究方法产生了巨大影响，数字人文正是数字技术与人文学科交叉而形成的跨学科研究领域。作为一个新兴跨学科领域，数字人文首先产生于语言学而后逐步扩展到文学、历史学、艺术学等领域。数字人文如今已经成为一个活跃的研究领域，吸引了越来越多的研究机构和学者参与到这个领域的研究中。

　　国内数字人文研究已经走过了十个年头，一批数字人文研究学者围绕数字人文思想的引入以及数字人文的本土化研究和实践做了持续努力和探索。

在这期间，学术期刊上发布的数字人文研究成果越来越多，一大批数字人文学术团体和研究机构相继成立，学界对数字人文寄予的期望也越来越高。当前数字人文研究主要集中在以下三个方面：一是利用数字信息技术解决一些人文学科已经存在但是传统人文学科无法解决的问题，如文学争议问题、文化遗产数字化保存问题等；二是发现并研究数字信息技术带来的新的人文问题，如数字资本主义、数据主权、数据捐赠等；三是探究新型软件工具和平台在人文知识的生产、传播与教学中的应用及其影响。

数字信息技术的发展和应用，为人文学科的研究提供了新的方法和工具，丰富了人文学科研究的数据来源，拓展了人文学科研究的问题域，这无疑为人文学科的发展提供了新的机遇。数字人文研究为人文学科研究提供了新的增长点，但是从传统人文到数字人文，依然存在一系列问题有待数字人文研究者回答和解决。

首先是数字技术和专业鸿沟问题。人文学者缺乏必要的数字信息技术基础，使得他们无法有效地利用数字工具来解决本领域研究问题；而计算系统建设人员、平台工具开发人员往往又缺乏人文领域知识，无法有效捕捉人文学者的真实需求，从而无法发挥技术对研究的辅助作用。因此，计算系统及其实践应用应该由人文学者面向人文活动开展实施，这就需要不同学科学者之间加强沟通和交流，同时要求人文学者具备一定的技术基础，并参与到资源库建设、知识表示等工作环节中。

其次是数字技术带来的偏见问题。一方面，数字信息技术的应用会取代一部分传统人文研究中由研究人员完成的工作，提高研究工作的效率；另一方面，数字信息技术改变了传统人文学科的研究场景，也在进一步革新人文学科的研究范式。在这个过程中，应避免出现两个极端：一是要避免数字信息技术主导一切，让技术取代研究人员做出判断，而丢失了人文科学的文化

《数字人文：数字时代的知识与批判》参与翻译的人员

按翻译章节顺序排列

王晓光　韦景竹　赵宇翔　范　炜　牛　力　裴　雷
周力虹　黄明玉

意义及其批判性思考；二是要避免人文学者对技术本身的偏见。新兴数字信息技术的出现往往会引起一些人文学者的不安，一些学者会对数字技术的使用产生抗拒和怀疑，甚至认为数字技术正在侵犯人文学科，数字技术的使用是对人文原则的背叛。事实是数字技术带来的改变已经成为人文学科领域无法回避的问题，人文学者只有正视数字技术并应用数字技术，才能有效地"与数字技术抗衡"。

最后是数字技术和理论发展问题。在数字人文项目中，数字技术很容易成为项目的中心，人文学者容易被数字技术所迷惑，使数字人文研究仅仅停留在工具层的贡献上。为此，数字人文需要进行一些批判性和反身性思考，加强其理论体系的建设，拓展研究的深度和广度，以此进一步发挥数字人文的潜力，为人文学科发展做出更大的贡献。

上面只是列出了几个比较典型的问题，数字人文研究发展中面临的问题远多于此，这些问题的解决无不需要数字人文研究者的集体智慧和共同努力。本书中的一些论述和观点或许能为解决当下数字人文发展中面临的一些问题带来启发和思考。

数字人文是一个新兴交叉学科领域，并且处于快速发展和不断变化之中，各领域的学者对数字人文的态度也各不相同，数字人文研究的边界范畴也处于不断摸索之中，关于数字人文的优缺点及其给传统人文学科带来的影响也仍在激烈争论中，因此大卫·M.贝里和安德斯·费格约德两位学者采用了批判性的视角来展开本书的写作，使读者能够以一个更广泛的视角获取更全面的观点和思想，这也是本书的亮点之一。两位作者在本书中围绕数字人文的历史沿革、重要研究实践、关键论点和思想等方面进行了论述，提出了通过计算丰富人文学科的方法，探讨了文化批判如何改变数字人文学科，并讨论了数字人文研究未来的发展方向。

数字人文：数字时代的知识与批判

两位作者从历史视角和重要影响方面回顾了数字人文的发展阶段和里程碑事件。在数字人文研究中，数字技术、系统、编码、处理和项目向来都是数字人文关注的重点。鉴于计算已经成为人文研究的一项重要资源，计算思维作为一种新的计算思想批判性方法对于数字人文研究显得尤为重要。作为数字素养的一部分，人文学者应该具备一些基本的编码能力，使他们有能力参与到搭建、批判、部署复杂的计算系统工作中。数字人文研究中的知识具有不同表现形式，研究人员在知识表示研究中可以应用一些新的方法和技术，包括数据挖掘、聚类分析、计算机模拟、自动内容分析以及探索性数据可视化等，这些技术连同一些其他技术共同引发了有关人文学科认识论的问题。两位作者探讨了研究基础设施对数字人文发展的重要性，从更宽泛的角度对人文学术的可能性拓展进行了思考。研究基础设施是专为承载、存储、维护和典藏研究及档案材料而建造的物质实体，同时研究基础设施的建设使各种各样的学术活动、资源访问活动以及原始资源的变形活动变得丰富多样，这样就催生了新的学术形式。数字方法是指用于描述和处理网络文本数据、社交媒体数据等"天生数字"的数据的方法。两位作者试图扩大数字方法的覆盖范围，对软件研究和计算机代码研究进行了介绍。软件研究是将计算和数字技术作为研究对象，将软件作为文本来批判性检查其可供性、内部结构等问题，以及研究软件表现出的特定美学问题。代码研究则可以研究算法如何作用于新闻、社交媒体上的社会关系，以及文学和艺术作品。数字学术与界面批判探讨了数字人文的研究成果如何展示、出版、可获得和可访问等问题。对界面的批判性研究主要包括两个路径：一是网络界面风格史，二是将界面作为文本，通过精读和遥读的形式进行批判性研究。最后，两位作者对批判性数字人文的概念以及数字人文在社会领域发生再语境化和社会再嵌入时涉及的社会科学、经济等问题进行了探讨。同时，批判性数字人文也为数字人文缺少文化批评的问题提供了可能的解决方法。

本书内容全面、思想深刻。两位作者以批判性视角对数字人文进行了全面而深入的介绍，为读者了解数字人文的历史沿革、理论框架轮廓以及数字人文今后的发展前景提供了精当的论述。两位作者在写作时突出展现了数字人文的基本原理和理论，有意忽略对专业细节的描述，使得本书具有较强的可读性。两位作者通过对语言和论点的精心组织，引导读者参与到对数字人文基本原理的讨论中去，为不同教育背景的读者探索数字人文这一新兴领域提供了一份科学指南。

两位作者的辛勤劳动使我们对数字人文有了更深刻的认识和理解。本书为多元化、批判性的数字人文学科提出了一个鼓舞人心的宣言，将是一本数字人文领域与社会学、信息科学、数字媒体等相关领域，以及人文学科领域的学生和研究人员必不可少的优秀读物。

本书翻译的倡导者和牵头人是武汉大学数字人文研究中心主任王晓光教授。该中心是国内第一家数字人文研究机构。王晓光教授从博士后就开始接触数字人文、研究数字人文，利用他的情报学背景，在文化遗产数字图像的知识表示和深度语义标注方面，借助"数字敦煌"项目，在"智慧数据"建设方面做了很多有益的探索。此次，他牵头翻译该书，也是中国社会科学情报学会数字人文专委会成立以后的首个学术成果。

本书的翻译团队是国内数字人文领域崭露头角的一群优秀青年学者，他们在不同的学校工作，有不同的兴趣，但都钟情于数字人文领域的研究，且具有合作精神。他们合作翻译本书也体现了数字人文研究的协作与特色。正是他们的协作和努力，才使读者有机会读到本书的中文版本，能更便捷地了解作者的思想。

　　数字人文作为一个新兴交叉的研究领域，正处于蓬勃发展中，相信在不久的将来，数字人文的内涵将会更加丰富，数字人文研究将更具活力，它将为人文科学研究做出更大的理论和实践贡献。

马费成

2019 年 5 月 10 日 于珞珈山

社会的数字化转型已经成为不容置疑的世界共识，这是现代社会继信息化转型之后的新一波浪潮，也是信息文明进一步发展的体现。与信息化革命相比，数字化浪潮的深度和广度正借助移动终端、大数据、云计算、人工智能、5G通信网络、虚拟现实等新兴数字技术的突破而达到前所未有的程度。如同历史上的惯常一样，新技术的发明与应用，不仅改变了社会结构与生产关系，也改变了人类生存与繁衍的基本理念。

自2009年以来，数字人文在中国的发展已经有十年的时间。这十年来，数字人文的论文、著作和研讨会都与日俱增，以数字人文命名的学术机构也陆续浮现。2018年中国社会科学情报学会专门成立了数字人文专业委员会，"大数据视域下的数字人文研究"也入选2018年度"十大"学术热点，这些标志性事件意味着数字人文在经历过孕育起步期后，正在迈入繁荣发展期。

与西方人文学界比较而言，中国的人文学者对计算机和数字技术的应用较晚，20世纪90年代初期相关研究项目才陆续出现。此后，尽管人文领域的文献资料数据库建设一直都未间断，但是直到2009年，数字人文的概念才被正式引入中国学界。至此，被西方学界誉为"下一个大事件"的数字人文研究也逐渐受到中国学者的关注。数字技术不再仅仅是一种工具，而是逐渐发展成一种新型的学术范式。数字方法的运用也逐渐成为一种科研活动的基本理念。面对"数字人文"这个现代信息技术与古老的人文学科的交叉衍生事物，学界支持者有之、质疑者有之、反对者有之、鼓噪者有之，更多的恐怕是审慎的观察者。不管学者的态度与立场如何，"数字人文"作为一个时代性概念和全球性趋势，已经不容人文学者回避和忽略。

不管何种类型知识的生产和思想的创造都离不开对社会现实的关照和对时代需求的回应。与自然科学和社会科学相比，人文科学一直都在关注人的价值和人类的生存意义。在人类命运共同体、"数字中国"和中国特色的哲学社会科学话语体系构建背景下，中国的人文学者对数字人文的发展似乎赋予了更多的学术期望和践行路径。随着数字社会的来临，人文学术研究的范式从问题提出、材料选择、成果表现到交流渠道，都已经悄然发生了变化。从传统人文到数字人文，数字资源和数字技术的深度介入不仅拓展了人文知识的生产、传播与教学方式，也进一步丰富了人文研究的问题、空间和场景。如何借助大数据、人工智能等技术条件，进一步发挥想象力，扩大人文研究的场域和大众的兴趣，是这个时代的学界同仁不容回避的历史责任。

本书的翻译从一开始就遵循了数字人文的基本理念——协作，也就是说，为了实践数字人文研究常见的行为理念，我们并没有选择由一个人或者两个人完成本书的全部翻译工作，而是由一个团队，通过协作的方式承担翻译任务。本书原文分为八章，因此，我们的翻译团队也由八位学者组成，每人翻译一章。在翻译之初，由王晓光发起并确认了每一章的翻译责任人，也首先翻译了本书的索引表，以便于统一术语的使用。

本书第一章由武汉大学王晓光翻译、第二章由中山大学韦景竹翻译、第三章由南京理工大学赵宇翔翻译、第四章由四川大学范炜翻译、第五章由中国人民大学牛力翻译、第六章由南京大学裴雷翻译、第七章由武汉大学周力虹翻译、第八章由北京科技大学黄明玉翻译，最后由王晓光审校定稿。

数字人文是一个新兴的跨学科研究领域，部分术语的中文翻译尚未定型，所以不当之处请读者指出。在此，我们衷心感谢东北财经大学出版社刘东威编辑的邀请和协助，没有她的慧眼和细心工作，就没有本书中文版的面世。此外，我们还要感谢本书的两位作者大卫·M.贝里和安德斯·费格约德，正是他们的精彩创作，才让我们有幸对数字人文有了更加深刻的认识和更大的信心与期望。

王晓光

于珞珈山

2019年3月28日

　　数字人文是将计算机技术应用于人文研究的前沿学科。在过去的40多年中，这个曾被称为"人文计算"（humanities computing）的学科已经迅速成长为一个令人兴奋的新兴领域。起初，数字人文的关注点主要集中在数字工具的开发以及针对文本、图像和艺术品的档案数据库建设上，随后逐渐转向原生数字材料的研究。从计算机在人文领域的早期应用开始，随着计算的发展，计算机为数字化文化提供的处理和搜索方式也愈加复杂和精细。例如，从数字成像近期的发展成果来看，我们所能制作的图书和艺术品复本的质量已经足够高，足以使我们的研究能力发生质变。

　　理解数字人文的关键在于避免将数字技术的应用视为对学术界的入侵。从计算机的发展历史看，计算机很早就已服务于人文学者，而且其作用并非局限于人们所认为的——为大型图书馆提供文本存储服务。计算机网络，特别是互联网，使数字文件的使用摆脱了地理位置的限制。信息的这种可访问性对艺术与人文研究产生了巨大影响。

　　数字人文吸收了来自语言、文学、历史、音乐、传媒、计算机科学、哲

数字人文：数字时代的知识与批判

学和信息科学等领域的重要见解，将不同的方法融会贯通，形成了新的研究框架。近年来，数字人文的学术内涵又有了新的扩展，批判性数字研究，以及机器学习、数据科学和人工智能等这些与工程关系密切的领域也被囊括其中。事实上，数字人文学者作为较早将计算机技术融入学术研究的人，在"人文研究将逐渐以计算为核心"这一点上还是有其先见之明的。

数字人文学者已经发展出了新的方法，如以计算机为基础的数据分析、搜索和检索、主题建模和数据可视化等，这是他们的一部分研究内容。数字人文学者将这些技术应用于档案和馆藏资源，其规模已经远超一般研究者和研究机构的处理能力。这些新方法使得开展世界级的宏大研究项目成为可能，也使得跨学科的大型项目团队得以汇聚，一同攻克复杂的科研难题。在数字人文学者的努力下，人文研究项目的可能形态正在发生变化，为我们了解历史和现代文化提供了新的手段。

这些新的历史和文艺作品馆藏往往在网站上向公众开放，或存储在数据库中，其数字材料的开放性要远高于以前的纸质版本。它们提高了人文学者整合数据集、社交媒体、音频、网站和图像档案的能力，同时也使得不同文档格式之间的转换更加轻松。针对数字材料的分析、理解和转化进行软件开发也同样关键。现在通过互联网就可以免费获取数字工具，因此数字工具与科研项目的融合也变得容易，如此便可以打破学科边界，快速传播新的方法、工具和思想。这些数字技术在人文学科与更广泛的公共文化之间架起了桥梁，这是非常令人兴奋的。同时，它们还将助推中国文化在数字时代大放异彩，满足公众对更好的教育和更美好生活的需求。

然而，随着数字技术与我们生活的融合程度逐渐加深，人们开始担心这些技术是否会引起数字偏见和数字歧视，是否会带来"虚假新闻"。针对这一点，数字人文能够凭借其所涉及的众多领域的专业知识，帮助我们理解这些问题，进行批判性干涉，并提供政策见解。通过对历史和文化的研究，数字人文在将"旧的"与"新的"文化知识引入令人兴奋的世界级创新性研究的同时，也在利用这些技能帮助社会应对数字转型带来的急速变化。通过教育活动，数字人文将有关数字世界的智慧传递给了下一代，包括如何利用它、如何理解它，更关键的是如何在新兴的数字环境中培养创造性和创新性。

如今的学术界已经逐渐适应了计算技术在各学科中的应用。数字技术赋予了众多研究领域新的能力，以帮助其进行分析、对比和理解社会。数字人文是将数字技术和数字方法引入人文学科的典范，如此一来，也为孕育21世纪人文学术研究的黄金时代打下了基础。在数字时代，人文学科愈发需要将人文价值观和其自身贡献与公共文化联系起来。人文学科仍然在研究这一重大问题，即什么样的生活是值得的？数字人文学者是这一传统问题研究队伍中的一分子，帮助我们对这一问题进行反思，拓宽我们对数字世界中的人类文化的理解。

大卫·M.贝里

于英国刘易斯

致　谢

　　感谢同事们的大力支持和帮助，没有他们的付出，就不会有这本书。所以我们想先分别对支持我们的人表示感谢。

　　David 感谢牛津大学曼斯菲尔德学院为他提供的机会，让他在 2015—2016 年间担任访问学者。感谢学院为这本书所提供的学术环境和大力支持。尤其感谢 Pam Berry、Tony Lemon 和 John Ovenden，David 和他们在一起度过了很多个愉快的周三聚会。另外，David 还想感谢苏塞克斯大学（University of Sussex）媒体、电影与音乐学院的同事们，以及苏塞克斯人文实验室的成员，特别是 Caroline Bassett、Tim Hitchcock、Sally Jane Norman、Rachel Thomson 和 Amelia Wakeford，还有负责计算文化的 Beatrice Fazi、Ben Roberts 和 Alban Webb。David 要感谢苏塞克斯大学对苏塞克斯人文实验室的支持，感谢苏塞克斯大学对数字人文和计算媒体研究的支持——尤其要感谢 Michael Davies、Debbie Foy-Everett 和 Alan Lester。他还想感谢：Christian Ulrik Andersen、Armin Beverungen、Ina Blom、Melanie Bühler、Michael Bull、Mercedes Bunz、Natalia Cecire、Andrew Chitty、Faustin Chongombe、Christian De Cock、Natalie Cowell、Michael Dieter、Kathryn Eccles、Wolfgang Ernst、Leighton Evans、Gordon Finlayson、Paul Flather、Jan Freeman、Matthew Fuller、Steve Fuller、Alex Galloway、Craig Gent、David Golumbia、Lewes的大地咖啡屋（Ground Coffee House）（特别感谢Beth、John和Rick）、Andres Guadamuz、David Hendy、Lorna M. Hughes、Tim Jordan、Athina Karatzogianni、Raine Koskimaa、Alan Liu、Paul Lodge、Geert Lovink、Thor Magnusson、Mansfield College Porter、Chris Marsden、Ursula Martin、Derek McCormack、William Merrin、Peter Nagy、Jussi Parikka、Luciana Parisi、The Pelham Arms、Alison Powell、Andrew Prescott、Ned Rossiter、David De Roure、Lucinda Rumsey、Darrow Schecter、Paul Solman、Bernard Stiegler、Nathaniel Tkacz、Transmediale（德国柏林的一个媒体艺术和数字文化节）、Iris van der Tuin、Craig Vear、Pip Willcox，还有很多很多没有写在致谢中的人。此外，David要感谢他的博士研究生：Yilmaz Aliskan、Emma Harrison、Isla-Kate Morris和Carina Westling，感谢他们的持续参与。特别要感谢Anders Fagerjord，他是一个绝佳周到的合著者。最后，David要感谢他的妻子Trine Bjørkmann Berry以及他们的孩子Helene、Henrik Isak和Hedda Emilie，感谢她们谅解自己的写作给家庭生活带来的困扰。

Anders想要感谢他在奥斯陆大学传媒学院中的所有同事，他们都非常优秀，尤其是Terje Colbjørnsen、Charles Ess、Bente Kalsnes、Lucy Küng、Maren Moen、Marius Øfsti、Terje Rasmussen、Tanja Storsul、Espen Ytreberg、Stimulus Response乐队的成员，以及20多年前带他走进数字人文的Gunnar Liestøl。真心地感谢他的博士研究生Joakim Karlsen和Kim Johansen Østby，他们为他带来了新领域的知识，启发他获得新的思路。感谢卑尔根大学信息

科学与媒体研究学院几个月以来为他提供写作的场所，也感谢 Rune Arn-tsen、Kurt Gjerde、Stein Unger Hitland、Leif-Ove Larsen 和 Terje Thue 对他的热情招待和支持。在卑尔根大学的时候，Anders 从众多讨论中收获了许多灵感，尤其是与 Dag Elgesem、Jostein Gripsrud、Lars Nyre、Eirik Stavelin 和 Bjørnar Tessem 的交谈，令他受益匪浅。他还想感谢多年以来很多朋友和同事对他的支持，包括 Espen Aarseth、Cheryl Ball、Jay Bolter、Taina Bucher、Martin Engebretsen、Gail Hawisher、Steve Jones、Anders Olof Larsson、Anders Sundnes Løvlie、Andrew Morrison、Cuiming Pang、Jill Walker Rettberg 和 Scott Rettberg。最后，他要感谢 David M.Berry。是 David 首先提出了这本书的想法并邀请他合著，他非常享受写作的过程。

　　作者还要感谢政府机构对这本书的支持。感谢 Marcus Leis Allion 的加入，感谢他设计出了精美的封面。作者对所有支持这本书的人，尤其是对在数字人文领域中从事技术和理论研究的学者，表示由衷的感谢。

目 录

第一章　　导　语/1

第二章　　数字人文谱系/31

第三章　　通往计算思维之路/51

第四章　　知识表示与档案/75

第五章　　学术研究基础设施/99

第六章　　数字方法与数字工具/127

第七章　　数字学术与界面批判/145

第八章　　迈向批判性数字人文/175

注　　释/195

第一章
导　语

数字人文"在语言学中表现为一个集合名词,其特征在于语法家所说的单数一致关系(使用一个单数动词)"Liu(2016)。

这是一本有关数字人文主题的书，数字人文是一个萌生于21世纪初、令人兴奋的新兴领域。[1]数字技术席卷了全球，尽管具体的学科变化在表面上并不那么明显，但人文学科随着数字技术在学术研究中的应用而风云变幻。互联网、智能手机和平板电脑等掌上计算设备，以及"智能手表"都已经全面融入我们的日常生活，我们已经很难想起此前是如何生活的了。同样，数据库和图像档案库、应用程序和数字工具也已经对人文学者可用的资源类型和研究方法产生了巨大影响。人文研究已经发生了不可逆转的变化，如同我们的日常生活、社会、经济、文化和政治等各个方面发生的变化一样。这些变化代表了人类在文化和知识方面的反思与应对之策，有鉴于此，人文学科也开始积极思考如何对现有研究方法和实践进行拓展。"数字人文"作为一个术语和一场运动，如今虽然仍充满争议，但自它于2001年出现后，已经被众多学者和高校所接纳，而也许更令人讶异的是，它已经获得了大多主流基金机构的认可与资助。[2]"数字人文"作为一个术语，不仅有助于人文研究在自觉向数字发展中找准定位，同时也赋予了这些研究实践以意义，使其逐渐被人文学界接纳。

不需要与太多人文学者交流就可以知道，数字人文是一个涵盖多种实践范式的伞式标签，这些实践的历史往往比数字计算机的历史还要久远。也有一些人秉承这样的观点，即数字人文在某种意义上是异于人文学术传统的，甚至是对传统人文研究的一种威胁。本书会谈及这样的争论，希望有助于读者理解这些争论及其批判价值，尽管有时可能是反技术的论调。

本书以媒体和传播等领域的理论和实践工作为基础，将其与数字人文联系起来，希望能借此发展和深化"批判性数字人文"这个概念。在日益显著的后数字时代，考虑某样东西是否是"数字的"已非关键问题（Berry，Dieter 2015）。单纯属于"人文"范畴或"技术"范畴的问题已经越来越少了。

随着越来越多的文化开始借助数字设备和数字技术进行转介、生产、访问、分销或消费，"某样东西是否是'数字的'"这一问题将越来越不重要。因此，本书认为数字人文必须能够为计算的主流地位和后屏幕时代的到来这一历史性变化提供理论和方法支持。这里所说的"后屏幕时代"指的是不以计算机屏幕或可视界面作为关键的交互媒介。数字计算被认为是模拟的对立面，而非模拟计算的互补品，在本书中我们讨论更多的是后者。与其单独从数字和模拟的角度来思考，还不如将这两种形式结合起来理解和使用——例如，纸质档案与分面搜索有关联，照片分析则与统计主题分析有关——我们不能从对立的角度去思考两者的关系。由此来看，在当代环境中，数字调控或不同程度的计算都可以算是后数字时代。这包括需要把政治以及放缓数字项目分开考虑，"扰乱数字网络的影响同慢食运动对快餐的影响之间（可能）有相似之处：一个停下脚步对前进的意义提出疑问的机会"（Mejias 2013：159）。数字人文作为一个特定领域的独特之处，在于它位处技术与文化的中间地带，因此可以从批判的角度去思考计算的发展历程及其具体应用的过程。说得更切题一些，数字人文学者作为某些系统的构建者，对于技术、算法、软件程序及其安装使用往往有着深刻的理解，因此能够对人文技术与系统的开发提出高见。

技术常常被认为是*作用于*人文学科（更宽泛地讲还有高校）——也就是说，技术来自人文学科之外。无论是因为经济压力（经费削减、新的教学压力、市场化、"花小钱办大事"）还是技术变革带来的压力（出版行业中的数字化转型、新的管理和控制技术、文献计量（Bibliometrics）在线分析平台、Google 学术文献搜索引擎等），人文学科时常会被认为陷入了困境，它们在 21 世纪的生存能力、相关性和价值意义都受到了质疑。

本书对此观点持中立态度。从"人文学科中的计算"开始，一直到数字人文的产生，我们将简单回溯这一过程（仅仅是简单回溯，因为讲述一段完整的历史需要长篇大论）。我们希望向读者展示与数字人文密切相关的实践、方法以及调查的多样性，其中有些与数字人文关系并不密切，但同样能够为该领域做出贡献，带来启发。之后我们会探讨人文研究所使用的计算工具与方法的潜在影响及局限。最后，我们认为人文学科必须建立起对计算在文化中的理论认识，就像人文学家和媒体学者对写作、图像和印刷机的角色认识一样。否则，人文学科只会让自己离日益依赖数字技术的社会——也许称之为后数字社会更合适（Berry，Dieter 2015）——越来越远。

近年来，各学科领域的数字人文研究成果频频曝光。很多讨论数字人文框架的重要论文也不断发表，其影响力非比寻常（如 Schreibman et al.2004；Berry 2012a；Gold 2012；Svennson and Goldberg 2015）。简单来说，数字人文就是计算方法在人文学科中的应用。但是，正如有些论文的作者反复申明的那样，数字人文是，而且仍然是，一个处于发展中的新兴学科。事实上，有人曾经向 Pannapacker 质问："数字文科"一词是否更具效力（Pannapacker 2013）？而 Bernard Stiegler（2012）则更倾向于"数字研究"这个名称，并认为该名称能扩大研究对象的范围。弗兰克·莫雷蒂（Franco Moretti）也曾表示，"'数字人文'这个词毫无意义"，他解释说"计算批判的含义更加丰富，但现在我们都在用'数字人文'这个词"（Moretti 2016）。无论如何，现在数字人文几乎等同于某种进行人文研究的数字"方式"，这在人文学科中被描述为一次计算转型（computational turn）（Berry 2011）。

持续不断的争论意味着"数字人文的版图边界还有待商榷"（Svennson 2010）。因此，我们希望本书能为数字人文的框架轮廓以及可能的前景提供一份更宽泛的视角，同时我们也认为，数字人文还需要经历一个*关键性的转折点*，进一步巩固和加强它在学术界的地位。[3]我们认为这个新兴的领域需要一副探索地图，以及一份学科发展指南，希望这本书能对这些学术资源的建设有所贡献。通过绘制数字人文知识地图，我们批判性地讨论了数字人文的优缺点。数字人文的缺点在于，在数字人文领域——更宽泛地讲是在社会和文化领域——对计算机和计算机文化的使用其实就是数字人文本身接受检验的过程。

数字人文的唯一性概念并不存在，我们可以从不同的研究实践者那里找到大量的有关数字人文的定义，这些研究者依据其所处领域的不同而以不同的方式来使用这个词。实际上，数字人文学者"一致反感他们自己的标签，他们坚定地认为目前正在进行的一切其实早在1982年（甚至1949年或1736年）就已经开始了"（Meeks 2012）。有人怀疑数字人文代表了一种"友好型"的职员管理方式，也有人认为数字人文学者对新技术的使用是对人文原则的背叛。正如Hayles所说，改用"数字人文"这个词是为了显示这个领域已经摆脱"支持性服务"的粗鄙地位，"而成为一项真正的智力活动，有自己的专业实践、严格标准和激动人心的理论"（Hayles 2012）。然而这并没有减少人们关于"数字人文对人文学科和大学的影响的争议"。没错，我们也这样认为。但本书从头至尾都主张数字人文是人文学科的重要贡献者，对一般意义上的"计算"思维的发展也有重要意义。到底这本书会使人文学科现有的轮廓更加清晰，还是会导致其彻底重组，还有待验证。

"数字人文"能够与Sterne（2015：18）口中的"模拟人文"形成有效对比。他用这个词来启发人们对人文学科内涵的思考，以及人文与数字人文的差别和相似之处。Sterne认为："模拟人文指的是方法论、技术和制度上的关系，它贯穿于整个人文学科中，但只有在回溯时才能被清晰地呈现。它们涉及人文学者以往依赖并将继续依赖的文化和物质基础设施，这些基础设施在各领域中并不完全一致（过去和现在都不是）。正如'不存在对数字人文的统一看法，也不可能存在统一看法'这句话所说……我们认为人文学术的模拟形式也是如此。"（2015：19）[4]这句话的作用在于，它指出了特定的认识论和实践的物质性及文化技术对一个探究领域的重要性。虽然它可能夸大了"模拟"和"数字"之间的差别程度，但它的确引导人们去关注认识论和实践如何随着存储、处理和传输媒介的变化而变化。[5]

我们认为，即使是非数字内容在未来也离不开数字技术带来的长期保存的可能性。因此，最新的数字档案作为流逝时光的记录就显得愈加关键，它不仅是历史认知的一个源泉，同时也是特定身份和文化之所在。人们也在逐渐将它编码，变为一种数字知识表示形式。事实上，我们现在生活在一个计算充裕的时代，这一点我们可以联系现在是"后数字"时代的情况去思考，因为我们正在快速进入一个数字媒介文化无处不在的时代（Berry，Dieter 2015）。当然数字世界以外的东西，也就是那些所谓的非数字的东西，也将在很大程度上通过数字社会的蜉蝣（ephemera）来展现自己，而讽刺的是，如果想将它们永久地保存下来，也必须且只能保存在数据库中。

大学生在高等学府求学的例子有力地展示了文化、教育和计算之间相互碰撞交融的方式。作为对学生需求的响应，很多高校都注重"高质量教学内容"的建设与维护，并在学生获取这些教育内容的便利性方面做了很多工作。正如很多学者意识到的那样，学生通过 Google 和其他私有企业可以找到的教学项目和课程内容越来越多，而这些企业也常常针对学生投放很多特定的广告，以加强其在教育与用户至上主义之间的联系。除此之外，有一部分学生由于政府和法规的变动正积极地转型为互联网教育内容的消费者，因此这些企业也很乐意制定各种计量指标和绩效指标。该领域逐渐浮现出一些新的供应商，如阿波罗教育集团（Apollo Education Group）（凤凰城大学和英博夏尔大学的实际所有人），这些企业的估值已经达到 1 550 亿美元。因此不能说计算只改变了大学知识的内容和形式。配合私有部门和公共部门的资金制度、监督会计制度以及管理制度的变革，计算还改变了大学的结构及其与学生的关系。

新技术同时也使一些新业务加速发展，如模块化教育、大众教育、私人教育供应商以及新的学生群体（在英国有时指三大细分市场）。[6]一些定性与定量相结合的监督和评估模式也成为可能——例如英国的卓越研究框架（Research Excellence Framework，REF）——学生的反馈可以直接用于监督学业"表现"。[7]实际上，正如 Gold（2012）所说，"数字人文的风险并不仅仅在于新的研究方法（例如基于大量人文数据集的算法）的可行性或者新的教学活动（例如在课堂方案中加入对地理空间数据的考虑），还有支持这些工作的更大的学术生态系统中的关键元素，同样都面临巨大风险"。这使得高校以及现有的学术活动、共治体系、管理制度、规章典制、教学和研究都要重新审视（参见 2004 年 Besser 关于数字图书馆的讨论）。如 Gold 所言，"无论是通过同行评审地位、创作与合作方法上的变化、人文学科的基础方法论，还是通过有关终身制和逐渐占据高校主体的临时学术劳工的争议，我们都能很轻易地看出：学术界正在经历一场重大变革"（2012：ix）。进一步来说，借助对高校来说全新的管理信息系统和监控技术的实施，计算的思想已经深深嵌入这一变革过程。

在英国，从其新学费制度和学生招录形式的变化就可以看出这一点。随着人们要求将就业能力的培养加入到本科课程中，我们可以发现学生已经有了一种新的职业主义倾向（这种倾向当然也出现在有关高校管理的论文中）。这种职业主义与数字、通信以及媒体等信息技能（有时也被认为是"21世纪的技能"）的关系日益密切。事实上，硅谷也将其目光投向了价值 13 000 亿美元的教育"产业"。大学系统通过学费的形式从学生那里收取了大量的费用，从这笔费用中分一杯羹就是一个可观的数字。"受挤压的中间层"大学有理由担忧自己的核心项目和教育任务被私立大学"挑战者"掏空，因为这些机构往往更愿意抓住教育中的不确定性机会。

例如，Coursera（营利性）、Udacity（营利性）、edX（非营利性）和很多其他加入MOOC（大型开放式网络课程）"教育平台"的机构常常会精心选择高校中利润最高的教学内容并进行重新包装，进而迫使公立大学只能选择那些成本更高、更不受欢迎或过时的学科领域进行教学。这些教育平台不仅仅是工具：因为高校会设法与市场驱动的私营机构以及作为MOOC组织逻辑核心的数字媒体进行竞争，所以从某种角度看，这些教育平台也是高校内部重组运动的推动者。实际上，MOOC凭借大众形式的教育、轻量级的内容交付（如只有15分钟的讲座）以及高度光鲜的课程包装介绍，提供了一种新的教学模式——从很多方面看，MOOC确实对高校的教学工作产生了威胁——从高校选择最受欢迎的课程，然后吸收进自己的系统，只留下成本高昂、后继乏力的教学领域。如今对MOOC的兴奋之情似乎已经有所缓和，而他们寻找少数之前未被认为在学术上有天赋的学生的做法又进一步强化了他们所声称的公众参与性或者说是民主性。[8]没错，现在已经出现了向职业培训和"扩展"传统教学这一理念转变的趋势，其中职业培训占大多数，结果是——MOOC等平台创造的这种教育形式已经迫使高校开始审视自己与大众、政府和学生之间的关系。MOOC带来的压力已经迫使高校不得不防御性地在学习性技术上花费大量金钱，尽管多数情况下这些项目都失败了，包括营销系统、公众关系系统以及客户关系管理（CRM）系统。

在目前变幻莫测的局势下，数字人文站位还算有利，它是一门高度信息化的科目，而且乍看之下，它与高校在计算化和市场化这两个最不理想的部分关系密切。相比而言，本书认为数字人文可以对围绕数字技术和人文学科展开的关键讨论，尤其是对高校在新的基础架构方面的改革探索，做出批判性的和理论上的贡献。通过区分"参与模式、制度模型、技术和扩散策略"（Svennson 2010）的探索情况和问题——这些问题不仅需要从批判的角度进行审视，同时也需要结合与数字人文的（更概括地说是新媒体和数字方法的）批判方法相关的更宽泛的问题进行思考和概括，本书主张数字人文应该更深入地参与到 Liu（2012）号召的文化批判中去。

同时，我们还认为，数字人文应该继续宣扬传统的人文学科价值观，如关注历史、美学、语言和文化，以及人类生活和思想哲学的解读。实际上，数字人文也是一个深深扎根于文科院系的历史悠久的领域。在我们全面了解计算在人文学科中的相关讨论后，我们就会明白，数字人文所关心的一直都是学科本身，而不是其表现形式，不是各种市场，也不是被纳入计算机科学的这个选择。数字人文有能力改变人文学科的地方正是人文学科研究课题的开放性所在，这些课题一直都颇受人文学者关注，只不过现在可以在数字和计算环境下开展这些研究。就像布萨（Busa）在 1980 年提出的——当下仍然适用——"人文学科对计算机的使用不仅节约了学者的精力和时间，更提高了研究的质量、深度和广度，而这也是应用计算机的首要目的"（1980：89）。[9]

目前，最应该否定的观点是"数字技术正在侵犯人文学科"。计算机从很早的时候就已经开始为人文学者服务了，而不是像有些人所认为的，计算机仅仅用于构建大型文本资料库。早期的计算机主要是用于计算，而这种计算（包括炮兵发射台计算和核裂变模拟计算）需要用到文本资源，如机器翻译（可以说是计算语言学的开端）和创建索引（很多人认为这是早期真正的数字人文项目）。[10]直到计算机变得更加普及、存储量更大以后，它们才被用于存储和检索图书以及其他文本。人文学者对计算机的另一个使用起始于

20世纪60年代后半期，即利用新型的、先进的计算机显示屏来试验超文本和多媒体是否可以作为新的知识表示形式和风格。我们在本书中会讨论到这些发展过程的重要性，同时也会讨论另外一点：从哲学而非计算机科学的角度去理解计算（Berry 2011）。

谈到这个问题，我们希望描绘出当下数字人文的图景，不是一一列举数字技术在各学科（从考古学到动物符号学）中的使用情况，而是识别一些被普遍认可的公共性原则。十年前也许还可以认真检查学科内部的讨论及其对数字技术的使用情况，但现在有无数的专业杂志和书籍在探讨数字人文项目，以至于我们无法在某一本书中看到作者客观地对待所有项目，本书即是如此。相反，我们将注意力转向数字的物质性，重点思考在计算机系统中展示文本和其他对象的常用方法及其计算方式和相关实践。

数字人文研究往往要求团队成员拥有不同的教育背景。人文学者与数据库专家、计算机可视化专家以及统计学家组成科研团队的情况并不少见。我们希望这本书对普通的人文学者具有较强的可读性，这使得我们不可不忽略很多专业细节。这本书并不会告诉你如何创建一个关系型数据库，或者如何编写一个高级算法（你也学不到如何解读考古学发现或一本维多利亚时代的小说）。如果你想了解这些细节，可以查阅其他很多著作（例如Schreibman et al. 2004；Berry 2012a；Gold 2012；Svennson，Goldberg 2015）。我们希望将那些共同的基本原理展现出来，让人们在掌握足够的信息后能够参与基本原理的讨论。今天，我们已经看到数字技术对人文学术领域的拓展，同样，也许我们也应该回溯一下历史，想一想之前说的"模拟"人文学者，我们就会发现他们一直在依赖其可获得的各种技术。

思考和写作往往密切相连，而人文实践的变化也导致了研究性写作形式的改变。我们可以看到现在已经出现了一种新型研究文献，它们是在线的、分布式的、有超链接的，而且运用了多媒体技术，并与在线数据库一起由超链接相关联。研究性写作中的这些新发展在很大程度上是由超文本和多媒体技术推动的，我们可以将这些发展视为数字人文中有关新形式出版物、开放存取以及参与式知识实践问题的进一步完善（Berry 2008；Jordan 2015）。[11]

随着学术研究和写作的变化，普通高校为了更好地适应这些新变化，也随之做出了改变。现在正是加深我们对计算机技术和相关实践的批判性认识的时候。编写本书的最终目的正是收集批判性数字人文的早期线索，并分析它们到底会把我们引向哪里。人文学科一直都很关注进行思考和学术交流的工具，而如今互联网式计算机，无论其大小如何，都已经成为人文学者必不可少的工作用主流媒介。这不仅仅是历史学、文学和传媒领域的问题，它还关乎要对代码和计算在当代思维中所扮演的角色进行批判性评估的21世纪新哲学。

数字人文趋向于将关注焦点放在与文本、文艺作品、学术著作、字典、语料库（corpus）等与数据库相关的工具和档案上。数字人文学者为人文学科引入了新的研究方法，如计算机统计分析、搜索与检索、数据可视化等，并且将这些技术应用于那些任何研究人员或研究机构都难以轻松完成的档案与馆藏资源管理工作中。事实上，常有人说"数字人文的实践者需要具备一定的技术知识才能成为数字人文学者"（Koh 2014：98）。这些知识往往来自艰辛的技术项目和程序开发工作，它们将数字人文学者不断引向计算机科学与技术之路。

数字人文相关的很多资源与档案通常都可以在网上或数据库中找到，其中包含的各种素材也有很多获取途径。例如，历史学家可以"坐在办公室中就把保存在异地的历史档案和珍贵手稿搜索一遍"，而艺术史学家则可以"借助高分辨率的数字照片对不同国家的画作进行比对分析"（Boonstra et al.

2004：26；Greenhalgh 2004：32）。数字档案之间的这种网络关系并不必然有损数字人文中共同体的概念。文明是一条非常重要的价值观，重要到有时人们会说"做数字人文学者就是要'友好'：共治、平等、不分等级，能够与他人友好相处"（Koh 2014：95），这些观念最早可以追溯到高校自己的共治观念发源的时候。[12]无论数字人文是否提供了一个处理原始材料的全新方式，它着眼于共治与共同体是这个只关注性能和效率的数字时代的重要人文主义原则。[13]

正如我们已经看到的，数字人文学者有时会被视为不受待见的信使，他们代表着文化和人文研究中的变革性力量。此外，数字人文常常也被视为高校和人文学科发展道路上的威胁。数字人文可以被视为一个连接型人文学术领域，它能够创造出适用于"新经济"的新型员工、技能和知识。有时，它与传统人文学者极度怀疑的那种工具逻辑又走得太近了。正如 Grusin（2013）所问："数字人文与高等教育中人文学科经济危机的加剧同时产生，这是否只是一个巧合？还是两者之间有什么关联？"是否有可能对"数字人文"的乐观主义和"危机"人文的悲观主义进行明确划分呢？（McGann 2014）[14]这个问题我们将在本书中反复提到。[15]

数字人文与"做点东西"的想法有着很强的关联，这种关联又与现在对"市场化技能"的担忧脱不开关系（既有数字人文学者的因素，也有其他人的因素）。数字人文质疑和探索的问题包罗万象，从各类文本、声音、图像的数字化储存和检索，到网络通信，再到数字教学，统统涵盖。当然，我们在这里指的是各类应用计算机程序、设计、Web编码、数据库管理等数字媒体技术的计算型媒介。数字人文的诋毁者将它视为高校内部管理的新花招也没什么可奇怪的。数字人文引发了如何在人文学科领域利用工具和技术进行实践的重要问题。这是一个很有远见的问题，但从更广义的角度来看，有时这个问题也会使人文学科的学者感到不安。从有关"知识表示"的问题到有关数字方法和研究基础设施的问题，Drucker（2012）曾问道："我们能否参与到体现人文学科特定理论规范的数字环境设计中，而不仅仅是在方法论上常常与传统人文价值观和思维相佐——甚至敌对——的平台和环境下工作？"没错，正如她说的那样，"人文学科对可视化技术的采纳尤显紧迫，因为这些技术完全来自人文学科之外——管理学、社会科学、自然科学、商务领域、经济学、军事侦察学、娱乐领域、计算机游戏等。在这些领域，人文学科的相对分析法和比较分析法微不足道"（Drucker 2012：86）。这些重要且紧迫的问题强化了数字人文学者与更广义的人文学科中的同行建立紧密联系的需要，这种联系不仅有助于判断学科发展方向，也可以为其研究项目注入更多动力和能量。

在数字人文领域中，"多点技术，少点理论"这句话往往意味着数字人文学者更倾向于使用编程这样的技术，而不是对技术进行理论研究。这一趋势在数字人文领域表现得尤为突出，从学者们常常牺牲被看作不必要的"理论"为代价来"创作点东西"的价值观就可以看出来。对数字系统、数字档案、交互界面以及可视化等的构建经常被过分约束了，因为在数字人文项目中，技术很容易成为项目的中心。人文学者很容易被技术迷惑，这些人文-技术项目的观众也容易被技术搞得眼花缭乱——与大多数根本没法吸引新闻记者和大众目光的传统人文研究相比较而言。我们认为数字人文在这一点上是适得其反的，数字人文迫切需要进行深刻反思，更需要加强其方法的理论性研究，从而拓展其知识的深度和广度。如果不进行深刻的批判性反思，数字人文在研究规范上的潜力就无法发挥出来，除了工具层面的贡献外，数字人文也难以为更宽泛的人文学术做出更大贡献。

对数字人文看一眼就能发现它对技术的偏爱。[16]社交媒体中的反向链接

（backchannels）、博客、可视化、编程以及新的硬件都得到了积极应用。这些都意味着数字人文对技术是高度关注的，不仅表现在日常生活的方方面面，也表现在数字人文项目的研究上。也许对社交媒体的利用是最明显的一个例子，大量的数字人文讨论都是在社交媒体上进行的。在很多会议上，数字人文的"反向链接"往往也是厘清会议中数字人文线索的关键方法（有些内容在 Twitter 和 Facebook 外从未提及，比如现代语言协会的会议就是如此）。这种行为的早期采纳者在心理上很容易认为这是"开明的"言论，与"守旧"的传统人文学者截然不同。这些两面性既是真实的，也是想象的；既富有成效，也徒劳无功。事实上，代码、档案、技术性作品等数字人文研究成果在竞聘终身职位时往往不被认可是学术成果，类似情况还有很多。这为那些支持终身制学者和所谓"非传统学术"——在高校开展研究活动并有所贡献的非教职人员——提供了一个关键论据（Nowviskie 2010）。但是，这种计算转型（computational turn）也曾经被视为人文学科的关注点已从理论和阐释学转移的惯常表现，这种转移同时也是对批判传统的回避（Berry 2011；Cecire 2011b）。就像 Lovink 说的那样："数字人文片面地强调数据的可视化，在与缺乏计算机素养的人文学者的合作中表现得并不好，这些人文学者像是一些无辜的受害者。我们需要的不是更多的工具，而是大量由具备技术素养的理论学家掌控的研究项目，这些项目最终都要提出批判性理论。艺术与人文学科对硬科学和行业机构百依百顺的态度该改变了。"（Lovink 2012）

换句话说，我们可以也应该在掌握人文规范和价值观的基础上打造新的人文工具和方法（Feenberg 2002；Berry 2011）。这就是（回应 Drucker 的观点）说要将"人文研究从对技术效果的关注（从对社交媒体、游戏、叙述、人物、数字文本、图像、环境的采纳理解）"转向"具有人文气息的技术生产理论（设计层面的人文计算、信息架构建模、数据类型、交互界面以及协议）"（Drucker 2012：87）。这意味着在设计算法和构建数字系统时，我们需要知道一些想法与实践的历史发展过程，我们要根据这个演进图来应用算法并改进算法。对于"以不顾史实的眼光看待解释（但却不足以理解）算法形式所必需的算法、喻体和本体"这样的观点，我们应该采取批评的态度。当计算方法热衷于使用"规模"和数据作为工作、行动和知识探索的新知识界限，以至于大数据取代了人文学术的批判性反思中更重要的反思形式时，这一点就尤为重要。

例如，有一个关键议题一直和数据挖掘、数据分析关系密切。数据挖掘要求研究人员探索底层数据库、系统数据流、跨平台数据及其体系结构，还有应用编程接口（API）等相关技术和问题。越来越多的企业开始使用复杂精妙的软件系统对发送给消费者、网络、用户的数据进行过滤、组织和筛选，这就对开发适用于大型数据集的模式匹配算法提出了更高的要求。当然，这些信息并不一定以文本形式呈现——相反，它是可视化的，更适合用户进行视觉化识别和处理。这些技术正在快速进入人文领域。这为阅读或操作文本及其他人文学术作品带来了一种迥然不同的体验。正因为如此才需要回答有关"计算如何改变了我们的眼界及其意义"的重要问题。Svennson说，计算机在人文计算中常常扮演的是"计算引擎"的角色，"……将计算机作为一种工具使用也许是认知和功能主义的一种意识形态"（Svennson 2010）。

这些担忧有一定的合理性。这些问题一直被视作数字人文的"黑暗面"与"光明面"之间的差别。[17]Grusin 认为，"在很大程度上，正是因为数字人文的工具和实用价值，高校的管理者、基金会官员以及政府机关才会迫切地希望资助数字人文项目、开展数字人文本科和研究生教育、雇用数字人文教员；也正是因为它们的工具和实用价值，才会让标志着21世纪信息黑暗面的员工不稳定现象在学术界（同时在传统人文和数字人文）重现"（Grusin 2014：79）。Johnson 进一步补充说，"数字人文的'黑暗面'是指还有一些地方我们没有看到、发现，被滥用和掩饰"（Johnson 2016）。 虽然格鲁辛（Grusin）的黑暗-光明二元论问题多多，与数字人文研究的现状也不太相符，但它还是有助于人文学科脱离现在的困境。学界已经明显感受到人文学科面临的压力。有时人们认为数字人文是一个秉持官僚技术思维的领域，一个实行"最小可出版单元"（MPU）的领域，一个分裂为终身制和非终身制（非传统职业生涯）两部分的学术领域。人们认为数字人文学者与技术联系紧密，因为他们的交流往往是借助某种技术语言（如 MOOC、反向链接、XML）和非主流媒介（如社交媒体和博客）进行的。目前可申请资金的技术导向特征越来越明显，而且资金的关注点似乎与传统人文学者的关注点截然不同。因此，Grusin 表示"数字人文让标志着 20 世纪末和 21 世纪全球朝不保夕式的劳工人数激增现象再次出现，这种现象在人文学科愈加明显"（Grusin 2014：87）。

在高等教育领域，人文学科使用统计和计算技术的重要性在明显上升，再配上资金支持力度的加大，以及数字人文中心、实验室、专门的研究员和研究建制的发展，我们明显可以看到：数字人文是一个冉冉上升的领域。我们可以想象一下文化大数据分析工作，如社交媒体数据流和 Facebook 上的社交网络是如何成为广告行业的利器的，借助它们可以对消费者进行情感分析，进而实现产品销售。我们所说的"大数据"指的是"突破传统关系数据库——由行列结构的表格构成极限"的数据。大数据"需要使用新的方式进行数据查询，然后才能进行分析……（而且）大数据的规模如此之大，以至于超越并改变了人们读取和理解数据的能力"（Amoore，Piotukh 2015：343）。新资助资金的出现并非意料之外（例如来自美国 NEH 和英国 AHRC

的资助），很多大学已经开始朝着这个新方向努力了——制订新的教学方案、开展新的研究项目、建设新的研究中心，同时发展新的学科建制。这些新技术的采纳和社会普遍关注的研究基金投入的变化在学术界已经引起了关注。在学术领域中，各类计算活动常常与人们对试图利用技术来克服对学术世界的恐惧掺杂在一起。

硅谷的"程序设计类公司"对创建新形式的"企业"很有兴趣，但高校这类知识生产机构似乎已经发展得很成熟了，没有创新的可能了。硅谷的这些公司常常会利用数据挖掘和大数据技术收集用户的隐性知识和"数据踪迹"，并将其储存在数据库和数据湖中。这些数据库佐以启发式算法，创造出了各种各样的"实用知识"。在特定的应用场景中（包括人文知识的工具化），这些知识可以辅助人做决定。但是，我们认为计算系统及其实践应用可以由、也应该由人文学者面向人文活动开展实施。这里面重要的是，数字人文，在学术研究和技术应用上的聚焦是具有示范意义的，它让计算服务有限制地应用于人文学科成为可能，而不是反过来，让人文学科应用于计算领域。McGann认为，"迄今为止，人文学者所使用的数字技术基本上都集中在大规模人文素材的整理、访问和传播上。从这一角度来看，这些工作并未涉及人文学科的核心问题和主旨。图书馆管理员、档案员和编辑的工作内容在很大程度上来说，都是技术性的和基础性的。除非有人能够清楚地证明这些工具能够做出重大贡献，否则人文教育和学术研究不会特别依赖数字技术与工具"（Mcgann 日期不详）。[18]毫无疑问，这里所说的贡献不能单纯地停留在对人文素材的工具化和机械化自动处理层面。

计算具有压缩的效用，能够生成扁平化的喻体（metaphors），而且计算视觉语言的空间性趋向常常会使这种可能性最大化，即将时间从一种历时性体验转换为共时性体验，而且输出结果往往是离散的。例如，借助一系列计算功能和方法可以使社会历史以几何图形的方式在屏幕上扁平化同步重现。对于人文学术来说，这是非常具有创新性和生产意义的。事实上，希区柯克（Hitchcock）曾经表示过，"科学史学家尚未明白互联网和数字技术对学术研究的深刻影响，也没有准备好直面这些数字资源带来的挑战"（Hitchcock 2013：20）。注意，这里面也有一定的危险，就是对历史的感知会变成对当下实时交互的感知，无论将历史视作文化记忆还是个体记忆，它们都不再遥远，不再难以捉摸，而是鲜明生动地再现于当下。这些诱惑在计算技术的领域性应用过程中比比皆是。领域问题都是有历史背景的，这些历史背景和领域差异都有可能获得现实关注。如果采用新的数字方法研究旧的历史档案，那么档案的复杂性和物质性问题也会迁移到其数字形态上重新浮现。Hitchcock 认为这种情况已经"导致了大量知识的消失、湮灭，甚至'Google 化'，这些知识曾经是用于信息发现和分类的知识及系统的完整集合"（2013：14）。但是需要注意的是，这个问题并非不可避免——当然，它需要人文学者能够亲身参与技术工作，或者确保其能够保护档案，并制订出档案翻译和编码方案。[19]不过这并不轻松，因为无论是技能习得，还是让人文学者积极掌握解决问题的新能力，都不是容易的事。Prescott 在说下面这段话时表现出了对一些学者的无力感，他说"在英国历史上，穿着灯芯绒的'毕林普上校'（Colonel Blimp）式人物唯一一次不情愿地将自己从沉睡中唤醒，全面参与数字化发展进程，是因为他们迟钝地意识到，开放存取引起的变化可能会扰乱现在这种为外镜艰难的学术团体提供生活保障系统的舒适的财务安排，他们匆忙地采取行动，顽强抵抗，试图维持现状"（Prescott 2014：340）。

按照 Hitchcock（2013）的说法，人文学者要想"与数字技术抗衡"，就必须更加认真地对待数字技术。鉴于编码信息、技术和媒体的结合体被用作构建新的档案形式，我们需要对各种协议、数据库以及与编码工作相关的理论和哲学问题进行认真思考。的确，代码既要在后台进行操作，又要在作品中具象地呈现，这种不可避免的前后台共现还需要在数字人文领域进行充分研究。

其中必不可少的一个重要步骤就是要参与以数据库、代码和算法形式呈现的技术项目的发展历程，并且确保人文学者能够领导技术系统的规范设计——即使这会不可避免地给程序员和项目经理带来麻烦，也不能让"代码"成为项目的实际领导者。这些都是后数字世界中理解计算的重要方面，也是计算背景下进行批判性思考的关键因素（Berry，Dieter 2015）。

这意味着要摒弃相互比较的想法，不再将数字与纸、胶片或者相纸等其他物质形式相互对比，而是要开始思考如何在具有特定可供性的物质实体上进行数字调制，以适当地进行数字化。因此，绝对"数字"和绝对"模拟"之间的对比已经没有任何意义了。事实上，我们应该从数字*调制*的角度去思考，它可以表示为一条坐标轴上坐标的分布情况，轴上的数值则代表增加和减少计算的效价（Berry 2014），这让人们对日常生活中普遍存在的计算产生了期待。[20]在这里，我们第一次认识到数字人文为批判性理解文化和社会提供了可能，同时这种批判性理解会受到复杂社会中不断变化的文化生产、消费、批判和传播方式的影响。

从批判性的角度看待*计算*（或抽象计算）的定量/定性维度对于文化、经济、社会、政治以及日常生活来说将越来越重要（Berry 2014）。在很多情况下，对能力的追求就是对计算的追求，无论是在拥有巨大计算堆栈的计算储备库，还是计算未被重视和充分利用的地方，都是如此。我们这里说的"堆栈"指的是愈加依赖计算的"技术性堆栈"，例如 Google、苹果、Facebook、亚马逊（GAFA）和 Twitter 等企业。当然，这个词也可以用来指将这些公司机构表示为一张图表的计算型想象（computational imaginary）（Berry

2014；Bratton 2014；Terranova 2014）。[21]

计算已经是我们生活的一部分了，这意味着所谓的"数字"就是指"数字化"的阶段已经差不多快要结束了。同时新的挑战也已悄然来临，即计算化（compual）正在以不同的模式和强度充斥我们的文化、制度和日常生活。计算的发展使得普通公民在社会中明显处于不利地位。从历史角度来看，这个社会不仅趋向于否认数字作为知识或实践的一种形式，而且还会忽视计算思维和计算技能"是一个知识广博的公民的教育需求的一部分"这个要求。比如帮助斯诺登（Snowden）曝光政府监视活动的记者Glenn Greenwald，他之前也没有意识到数字社会的公民应该知道加密和密码学的重要性（Greenwald 2013）。

随着计算机能力的提升，另外一个与人文学科有联系的地方是将计算隐藏在传统的知识容器的模拟物——比如电子书——中的趋势，它通过拟真化技术或是平滑的算法界面——比如扁平化设计——来实现，而不需要学习和教授这样的计算实践。这样做也许好处多多，它使得人们在缺乏操控新的文学计算机器所必备的计算技能，如基础逻辑、结构、访问和代码时，仍然可以使用和访问新的计算形式。不过这也意味着，今天很多时候，我们没法阅读写好的东西了，也没法对着我们周围的环境进行写作了（Berry 2011；Oliver et al. 2011；Allen 2013）。缺乏这一素养就难以应对一个完全软件化的后数字社会中出现的各种挑战和危机，这似乎不是塑造见多识广的、有良好教养的公民的理想状态。从中还可以看出，如果不想让后数字世界发展成为不稳定的世界，对公民的批判性和保障性教化（bildung）就迫在眉睫。这些教化包括数字素养、界面批评及计算思维等观念的教导，以及对"跨越人文学科与计算分界线"这一理念的传递。

其他学科也感受到了数字文档、工具和方法的繁荣带来的威胁——例如社会科学——它们与数字人文之间的联系也需要加强（Berry 2012a；Gold 2012；Svennson，Goldberg 2015：1）。例如媒介与传播学科一直都在研究的一些问题。我们这里所说的"媒介与传播"指的是传媒的跨学科研究，所使用的研究方法有的来自社会科学，有的借鉴了人文学科的阐释法，有的还源自经济学、心理学、政治经济学等学科。传媒研究与文化研究不仅同源，而且关系密切，并且还以文化研究为基础。传媒学一直在探索流行文化及各种流行的媒介形式。"社交媒体"在传媒领域被广泛认可为一种先进的媒体形式。借用"社交媒体"这个符号，媒介研究者对网站、博客以及社交网络站点进行了详细的考察。此外，媒介研究中还涉及社会学内容：从媒体消费以及日常中对媒体的使用情况来研究人们对数字媒介的互动方式。媒介研究中人文导向性更强的解释流派则利用传统媒介研究技术来研究意象与文本的作用方式（有时图像与文本的混合体被称为"多模态文本"）、超链接文本的叙述结构以及新的数字出版形式。广播媒体已经转变为数字媒体，所以需要对媒介研究中一些理所当然的观念重新进行思考了。

我们认为软件研究同样也要进行审视，因为它们在打开技术黑箱——内部不透明或不可读，但表面可读的物体，这是一个技术名词——这件事上表现得非常出色。这里用到"软件研究"这个词，是因为我们想要借用列夫·曼诺维奇（Lev Manovich）在《新媒体语言》（*The Language of New Media*）（2011）中提出的观点：数字时代的媒介研究应该转变成"软件研究"。事实上，这一研究领域在过去的 5 年中已经凭借自身的努力走入了人们的视野。软件研究者提出了将计算和数字技术作为研究对象的问题，他们使用了一系列技术来"阅读"算法，将代码和软件作为文本进行近距离接触、理解软件，还有批判性地检查算法的可供性、内部结构，以及政治经济问题。软件研究使用不同的研究方法来研究数字问题，包括理论分析和更加经验化的技术方法。软件研究的内容还包括在软件中表现出来的特定美学——比如将代码当成诗歌——界面如何构建和居间体验，以及算法如何对能力进行编码（Kirschenbaum 2004）。[22]很多方法和理论上的见解都可以给数字人文带来新的理论概念和问题。

本书重点讨论的是知识表示、数字方法、研究基础设施以及档案这些传统的关注点。这些主题已经描绘出了这一领域的主要轮廓，但是正如我们将要看到的，数字工具和档案的发展会给数字人文的方法在知识表示方面带来一些领先优势，这些工具和档案还会借助批判性工作不断扩展，它们共同构成了该书要讨论的内容。作为对上述观点的补充，我们将最近学界向物质性（materiality）和文化批评（cultural critique）的转型视为数字人文研究的一种表现——从而扩展了传统的数字人文研究的内容，同时也加深了人们对数字人文工作和方法的反身性（reflexivity）思考。

为了进一步说明情况，我们将抽象的层级用视觉图的形式表示出来，参见图1-1。这样一来，读者就能够对我们所谓的"数字人文堆栈"有一个大体认识。这个示意图在计算和计算机科学领域常常被用来展示技术是如何按照抽象层次的高低进行"堆栈"的。在这张图中，我们从一个更具解释性和创新性的角度展示了数字人文相关的活动、实践、技巧、技术及其构成结构，我们希望能够给读者一个高阶的知识地图。显然这只是一个简化版的知识地图，并非一个规范的版本，但我们希望它能够帮助刚接触数字人文的学者理解数字人文的构成元素及其关系结构。尽管其他人可能会质疑我们这幅图的构成和堆栈的顺序，但无论如何，它都或多或少地为读者理解数字人文提供了一个有效的视觉指引——以描述性与规范性并存的方式进行。因此，读者可以将这张图看作是一个基础材料，它表明了数字人文堆栈中的一些基本元素，比如计算思维和知识表示，还有在这两个元素之上的更高层次的元素。我们本想让批判和文化批评跨越更多层级，但最终我们决定不过度复杂化这幅图，这样的视觉表示才更加容易理解。因为这是数字人文堆栈的 1.0 版本，我们期待它的后续版本，届时它会更加复杂，关系也可能会重构。

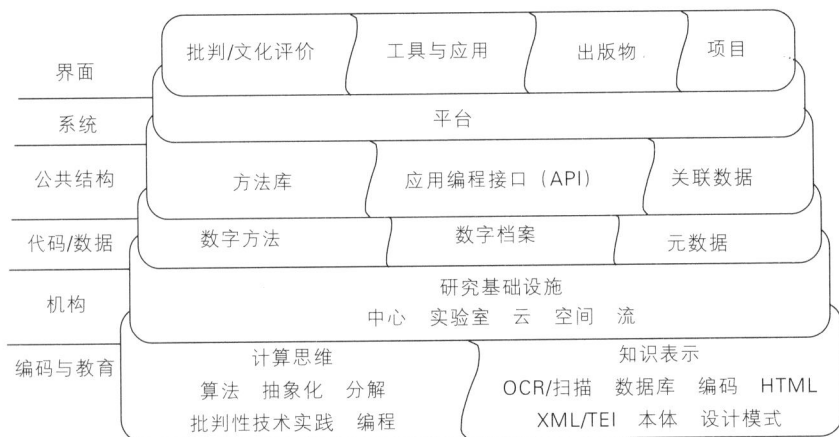

图 1-1　数字人文堆栈

　　从图中可以看出，我们需要创造新的喻体来帮助我们理解计算是如何在这个数字时代改变一些想当然的概念的，比如"尺寸大小"、"复杂度"以及"分析"等概念。举例来说，Hitchcock 曾经说过：应对由数字技术引起的规模问题——大规模和小规模——的方式之一是利用"显宏镜"（macroscope）的概念。Piers Jacob 在 1969 年创造了这个词，"并将其作为他当年科幻作品的标题——在他的书中，'显宏镜'是一块大水晶，能够以极高的清晰度聚焦时空中的任何位置，用来制造类似于望远镜的没有任何分辨率限制的东西。换句话说，通过它看到的世界，既是微观的，也是宏观的"（Hitchcock 2014）。Hitchcock 引用 Börner 的话："显宏镜提供了一个'完整的视野'，它帮助我们综合集成了各种相关元素，发现各种隐藏的模式、趋势和异常，同时也让我们看到了无数的细节。显宏镜没有将事物放大或者缩小，而是让我们能够观察到那些由于太过巨大、迟缓或者复杂而难以被人眼或大脑察觉和理解的东西（Börner 2011）。"[23]

技术在人文学科的一些研究中正扮演着越来越重要的角色，但同时也带来了工具化的危机，以及与众多研究资金申请机会相关的政治经济问题。在我们看来，由数字人文这个学科来研究这些内容恰如其分。但是了解学术研究在微观层面上的变化也同样重要，无论这种变化是数字学术版本方面的，还是长期保存方面的，又或者是编码方面的。换句话说，无论是作为一门学科，还是一种研究方法，数字人文都应该进行更多的反身性思考。

为了探索数字人文的内涵，我们将在第二章介绍其历史背景以及这门学科内长期活跃的领域。数字人文一直有各式各样的头衔，"下一件大事"、"朝气蓬勃的"、"有活力的"、"神学的"、"政治的"、"非传统学术生涯"和"变革的"等等。[24]有些学者，比如Stanley Fish（2012），认为数字人文"属于神学范畴，因为它承诺可以在知识是离散、不完整且固定的背景下，将我们从受时间限制的线性媒介中解放出来"。从这些观点，还有其他有关数字人文截然不同的观点可以看出，数字人文确实已经发展成为一个广阔的领域。事实上，现在大多人文学科中都有学者将计算作为研究中的一项重要资源。我们认为它们之间的共同之处就是Jeanette M. Wing所说的"计算思维"（2006，2008）：适合计算机算法的一种抽象化、自动化的思考方式。在第三章，我们将对计算思维的一些常见元素进行概述。这些元素大多出自计算机科学，不过我们也在全章多处使用了数字人文的例子。这一点也隐晦地承认了数字人文的跨学科本质：它一直都是"计算机科学的见解和方法"与"人文学科的方法、问题以及理论"的结合体。自动化是第一个，也是最基本的思维技巧；大多与计算机相关的项目都是依靠计算机快速而精准的性能完成一些重复性任务。这也意味着自动化有能力在一定的抽象程度上对一个问题进行形式化定义，也有能力将一个复杂的问题群分解为更小的可计算模块。我们还会谈到算法的本质，并且深入探讨数字人文中的一个核心论题：每个人都要懂得如何编码吗？我们认为，虽然大多数人文学者可能不会参与到复杂系统的编码工作中，但学习一门编程语言及其相关的代码美学能够在很大程度上加深其对计算作为一种文化现象的理解。我们认为应该将基本的编码能力作为数字素养的组成部分，同时也应该作为人文学者教育训练的一部分，使他们有能力去搭建、批判、部署复杂的计算系统。但是，编码不是万能钥匙，我们还是欢迎也鼓励在人文学术研究中尝试使用多种方法。[25]

　　第四章讨论算法和抽象计算中的数据：数字人文中知识的不同表示形式。数字人文的成功离不开大量的历史材料档案做基础。反过来，数字人文也借助不同的方法将历史上的、有形的档案材料进行数字编码，这才让计算有了实现的可能。对所有的材料来说，其自身的表现形式，如字母文本、图像格式、声音、3D模型等，与其元数据表示都是分离的。在语言和文学作品数据库中，知识表示曾经采用过一些标记语言的形式，如SGML（标准通用标记语言）和XML（可扩展标记语言）。现在，XML语言已经发展出先进的、标准化的和适应性很强的框架。在考古学以及其他一些学科中，地理信息系统（GIS）将"文物和事件的信息"与"地理坐标和地形、植被、城市发展等数据库"联系了起来。感官表示和元数据一起构成了由自动化算法控制的计算机模型。研究人员在知识表示研究中应用了一些新的方法和技术，包括数据挖掘、聚类分析、计算机模拟、自动内容分析以及探索性数据可视化等。这些技术连同一些其他技术共同引发了有关人文学科认识论的问题。虽然这些问题可能与"模拟人文"中的有些问题类似，但是判断一个答案是否有吸引力的标准已经发生了翻天覆地的变化，因而这些回答无法与传统的人文学科认识论相互兼容。

在第五章，我们将探讨研究基础设施对数字人文发展的重要性，同时也会从更宽泛的角度对人文学术的可能性进行思考。正如 Anderson 所说，"典藏机构是藏书知识的创造者、组织者和承载者；技术上的进步不仅会设法对数字信息和内容进行获取和表示，而且还会试着对知识的创造过程以及分析和利用时的再创造过程进行获取和表示；研究人员不仅仅是典藏机构和藏书的使用者，也是'读者'，在对文档中的情报和创造出的知识进行消化处理后，再依据解释和分析的研究方法及程序描述出来"（2013：21）。从这个角度看待研究基础设施是很不错的：不仅将它们视为专为承载、存储、维护和典藏研究及档案材料而建造的物质实体，同时也要看到它们的过程性，即它们使各种各样的学术活动、资源访问活动以及原始资源的变形活动变得丰富多样，这样就催生了新的学术形式。

第六章讨论的是"数字方法"。数字方法这个概念最先由 Richard Rogers 提出，用于描述处理"天生数字"所涉及的数据——在线创作和阅读的文本作品，或人们在数字媒体中进行日常活动时的数据——的方法。此外，数字方法借鉴了（或至少是受它们启发）大型企业在数字经济中所使用的数据处理方法（Rogers 2013）。[26]数字方法对从不同（往往是互联网上的）网站和网络服务中提取、抓取、收集或捕捉数字数据时计算机技术的使用情况尤为关注。数字方法建立起了一整套学术研究方法——通过算法和代码，对亚马逊、Google、Twitter 及其他公司通过公共编程接口（API）提供访问路径的大型数据集进行数据挖掘——常常能为研究人文学科和社会科学中的问题指明方向。因此，研究人员将不同的数据寄存器巧妙地组合起来，去搜索原来他们未曾考虑的主题信息。在这本书中，我们希望扩大数字方法的覆盖范围，将其他属于"天生数字"领域的方法也囊括进来。第一个就是软件研究，就是我们之前提到的那个软件研究，有几位学者已经认可了这项研究，他们对计算机软件为什么是现代媒体、艺术和文化的基础前提非常感兴趣。对计算机代码的研究，一是可以将它看作文化技术（甚至看作诗歌），从自身展开，二是可以从结果入手反向进行。从这两个方向出发，可以研究算法如何作用于新闻、社交媒体上的社会关系，以及文学和艺术作品。数字作品的第二个研究领域是那些并非数字化的而是以数字形式创作的作品。这些文本达不到学术档案的最佳实践标准，这一点不足为奇；它们的存档和检索的过程也存在大量问题，其中绝大部分仍未解决，这对未来的档案来说是一种隐患。

第七章会谈到数字学术和界面批判，包括数字人文的研究成果如何展示、出版、可获得和可访问等问题。因为数字人文数据集中的记录已经达到百万级别，所以引语和表格也被高分辨率的可视化图形所替代。可视化是用户与计算机数据交互的界面，遵循一些计算机科学领域的设计模式，如软硬件分层模型、视图和控制器独立编码等。关于界面的概念，我们认为，在这个 Steven Johnson（1999）称之为"界面文化"的时代，数字人文应该以批判的眼光来审视界面这个概念。在与设计相关的文献中，界面被认为是"直觉的""透明的"。关于"扁平化"以及"拟物化"设计趋势的讨论也不少。关于这些特征的讨论是经不住批判性检验的。因为界面是意识形态和规则的体现物，它们制约着设计，再加上文化是数字格式的这个因素，所以人文学科确实希望与后数字时代建立联系的话，就必须对界面进行批判性研究。这一章对这类研究可能的发展轨迹进行了讨论：一是网络界面的风格史，由 Engholm（2003）和 Liu（2004）发起；二是将界面视为文本，以精读（close reading）和遥读（distant reading）——并非真正去读书和翻阅档案，而是依靠算法和计算机帮我们进行阅读——形式进行的批判性研究。泰勒主义者（科学管理学者）对界面可用性的设想往往有些过于简单，而且尽管尝试与美学理念进行融合的现代用户体验（UX）理念有所增加，但还有很多需要从艺术史、文学以及媒体研究中借鉴的空间。最后，我们将批判性设计作为一种研究方式进行讨论：Stuart Moulthrop和Gregory Ulmer等学者这几十年来一直主张，无论是理论上还是实践中，都应该将替代计算机媒体的设计作为文化评价的一种形式，增进我们对文化中的界面以及界面本身作为一种文化的理解。在第七章的结尾，我们会谈到数字研究产物的出版问题。20年来，这一领域的研究人员已经创作出了很多无法印刷的学术超文本和多媒体形式的著作。

在终章第八章中，我们将联系批判性数字人文的概念以及数字人文在社会领域发生再语境化和社会再嵌入时涉及的社会科学、经济和政治问题，对"数字人文"未来可能的发展方向展开偏推测性和理论性的讨论。我们称它为批判性数字人文，它需要探讨的问题包括：知识通过代码和软件进行传达时是如何变换形式的？针对大数据和数字方法采用什么批判策略？计算会产生新的学科边界吗？我们认为，人文学科的计算机化有可能会使人文学科的某些概念和观点发生变化，因为这些概念和观点已经逐渐适应了计算模型。不过，数字技术和方法并不仅仅属于人文学科，它也会慢慢渗透到更广阔的文化领域，而且掌握数字技术和计算技术对于理解后数字时代中人类的状况是非常必要的。历史的视角对人文学科来说一直都很重要，要从批判角度理解数字技术与方法也必须从计算和编程技术的批判性历史入手。这段历史中少不了隐私和个人数据的问题。这不仅仅是政府监控的问题——就像爱德华·斯诺登和维基解密曝光的那样，我们留在Google、脸书、苹果、亚马逊及其他企业的服务器机房中的数字踪迹也不容忽视。我们讨论的核心是计算的概念（Berry 2014），是一个计算的抽象单位，既是潜在的，也是现实的。这需要对计算政治进行检查，尤其是与系统搭建和它们的反面——我们称之为系统"拆毁"——相关的计算政治。这里面涉及后数字文化中个人可见度的问题，个人可见度有助于提高自我认知，但也存在获取他人信息以及自己的信息被其他人获取的问题。数字媒体的全景式的感知（*Geist*）带动了密码学和干扰等对抗文化的出现，希望在这个数字监控和大数据时代中保留一部分只属于自己的隐私。我们认为享有隐私的同时也能成为人群中的一员：不引人注意，不显山露水。这些都是直击人文学科的核心问题，比如何谓人？如何理解人类的思维和保持理性的能力之间的区别？数字人文学者为科技、文化和历史注入了专业知识和技能，而这三大领域对大众文化和与我们共同的生活有关的讨论做出贡献的地方正是数字人文主义者应该试着插手干预的地方，这样与更广义的人文学科之间的对话才能持续下去。

第二章
数字人文谱系

"任何对数字人文的看法，如果排除或否定了对数字保存、
编辑和出版的密切而细致的工作，那都是完全错误的。"
（Deegan，Tanner 2004：488-93；Smith 2004：577）

在早期，人文计算倾向于通过应用技术知识和经验来支持人文技术项目。这有时意味着，似乎"真正的"人文学科学者推动了项目的知识面，而人文计算技术人员实施了该项目。[1]尽管数字人文是一个相对较新的学科形式，其历史肇始于"计算人文"或"人文计算"，还结合了大量来自不同学科领域的理论上以及技术上的观点（Schreibman et al. 2004；Berry 2012a；Gold 2012）。[2]Scheinfeldt（2008）认为"数字人文谱系有两条主线：一条是文学的，一条是历史的，它们基本上独立发展到20世纪90年代，然后随着万维网的出现，在20世纪90年代末21世纪初时汇集为统一学科"[3]。这是理解体现在该领域并且可以明显对应到这种划分的辩论以及论点的一种有用方式。在本章中，虽然我们主要关注数字人文，但记得其与数字历史的互补发展和相互联系也很重要（Gregory 2014）。

数字人文的基础工作一般涉及计算机在人文学科文本资料中的应用（参见Feeney，Ross 1993）：这一点曾被描述为"把机器效率当作仆人"而不是"能做考证、评判的参与者"（McCarty 2009）。由于"数字人文"这一术语近些年才开始出现，该领域的前身是人文计算，且与工具和档案工作密切相关，以至于人文计算在一开始很快被理解为，为其他人文机构提供专门的计算支持工作及技术援助的服务部门（Flanders 2011；Nyhan 2012）。

数字技术、系统、编码、处理和项目从一开始就是数字人文关注的重点。这在数字人文领域中广泛被称为知识表示（Sowa 2000；Schreibman et al. 2004，XXV），这也与数字化带来的文化修复有关，并且"我们的整个文化遗产必须以数字形式和人们喜闻乐见的形式重新组织和编辑"（McGann 2014：1）。事实上，Schreibman等（2004：xxvi）认为，知识表示的过程"要求人文学家明确地表达他们对自己材料的理解，理解这些材料超出知识表示或未表示出来的原因、路径"，并且要认清的一个事实是：数字人文学家遵循的"开发、应用和计算这些知识表示的过程，与除哲学之外的其他人文学者曾被要求做的事情都不一样"。同时，我们可能会对以下说法提出疑问，即其他人文学者对自己的学科类别和知识框架没有自反性（reflexive），但是，的确许多数字人文编码工作的明确计算需求催生了知识与信息之间非同寻常的关系。这种可计算性会带来"人类记录中一些模式和相互关系的发现，这些发现是我们通过其他途径永远无法发掘或检测的"，这暗示了计算所带来的数据量的增加（Schreibman et al. 2004：XXVI）。正如Ramsay（2004：195）所主张的，"处理模式必然意味着培养某些观察的习惯……（而且）在计算人文学家使用的所有技术中，数据库可能是最适合促进和利用这种开放性观察的"[4]。这与分析的特定可视化形式如数据可视化、图表等中的聚合、分析和呈现结合在一起（Warwick 2004：375；Drucker and Nowviskie 2008）。这指出了获取、编码、处理和表示的关键方面，它们构成了我们可能认为的数字人文工作流程。正是这种明确的技术取向，既影响了数字人文，也影响了它反映其活动的方式。

　　从数字人文谱系的角度思考这些问题是有帮助的，因为数字人文往往避开它的历史渊源。因此，思考一下之前所阐述的一些方法，也可以通过分析分类来思考，比如Stephen Ramsay提出的数字人文"类型1"和"类型2"（Ramsay 2013b），或者由David Golumbia提出的"狭义数字人文"和"广义数字人文"（Golumbia 2013）。我们还想为后面的论点建立背景，即数字人文需要扩大和深化其文化批判（Liu 2011），并介绍软件研究和媒体研究的设计以及较为具体的工作（Berry 2014）。[5]事实上，数字人文已经衍生了一种公众参与的角色，而且正如Liu所言，数字人文不但被"理想地定位为创造、改变和传播了人文与公众交流新方法"，而且"创造了从根本上重塑人文领域的技术"（Liu 2012：496-7）。今天，这个领域更加多元化，正如我们在本书中所讨论的，计算文化的文化批判潜力为数字人文领域提供了新的可能性（Liu 2012：496-7）。在这本书中，我们希望超越数字人文发展的线性叙述，从历史视角和从重要影响方面考虑将数字人文与其他学科联系起来。我们也想把这些与当代环境联系起来，在当今环境下，数字人文正在迅速扩展，并与其他领域和方法相关联。但是，首先，我们应该重新审视数字人文的基础，如人文学科的计算。

追溯数字人文的"起源故事"，通常联系起人文计算及其"建立"，这已经成为对数字人文从何而来的一种理所当然的解释，人文计算被认为起源于耶稣会牧师和哲学教授Robert Busa的工作，1949年，Busa利用IBM计算机编制了一份托马斯·阿奎那（Thomas Aquinas）的作品词汇索引，完成了56卷本的《托马斯·阿奎那索引》，以作为对托马斯·阿奎那作品的分析（Schreibman et al. 2004；参阅本书第四章）。[6]由于这个原因，Busa常常被视为数字人文历史上的第一人，有时被认为其填补了一项工作空白。然而，值得称赞的是，Busa自己认为，"虽然有人说我是在人文领域应用计算机的先驱，但这样的称号需要进行仔细考量……所有的新想法不都应是在成熟的环境中产生的，而非来自一个个体的吗？"[7]（Busa 1980：84）

在Busa的例子中，计算能力和人文工作之间有着明显的联系。[8]因此，很早以前，作为人文研究工具的brute-force算法与将历史或文学文献转化为数字档案或数据库之间就建立了联系（Nyhan 2012）。正如麦卡蒂（MacCarty）所写的那样，1965年，最后一份人工索引出版（作者是Ione Dobson，讲述的是拜伦的故事），1966年，"美国学者Joseph Raben创办了该领域的第一本专业期刊——《计算机与人文》（CHum）。"（McCarty 2003：1226）。人类创作作品与收集和整理人文资料的自动化系统转向之间的联系，有助于思考从以印刷为主的文化向数字文化的转变。可以说，这激发了对新工具和档案概念语言的需求。早期的这种工具与档案、程序和数据之间概念上的区别，现在仍然是该领域重要的概念缩影。实际上，计算及其新的存储能力，以及数字化带来的建立综合性档案库和数据库的可能性，还与文本搜索、过滤、索引生成和处理的计算能力密切相关。由此创建了用于归档和维护文本存储库的支持系统和半标准化软件（Hockey 2004：10）。

工具和档案仍然是理解该领域技术贡献的关键概念，但它们也通过围绕这些工具和档案而展现的"共同体"意识，指向数字人文的特定学科属性。自 Busa 的早期工作以来，这一点一直保持着显著的一致性，并以独特的方式给该领域打上了标记。例如，Koh（2014）认为，"数字人文的社会契约由两个规则组成：1）文明作业，或'友善'；2）拥有技术知识，定义为编码或计算机编程知识。这些规则在数字人文界被反复引用，但同时也受到质疑和批评（2014：94）"。这些基本准则是构建社会互动和组织基本要素的关键。技术知识包括知识及其表示和编程元素（理解，如果不是必须去做的话）在文化意义上的规范，与通过集体解释图式产生的共享意义相结合，传达并定义了它们的交互作用。从很多方面来说，随着"人文计算"被理所当然地视为转变为数字人文，学科关注面的扩展将不可避免地产生新的挑战，引发新的冲突和争论。事实上，最近在这一领域已经有了大量的内部争论和质疑，如 Scheinfeldt（2008）认为："我们现在正处于'一个变革的时期'，在这一时期，我们正在进入一个新的学术阶段，这个阶段不是由思想主导的，而是重新由组织活动主导，包括组织知识、组织我们自己以及我们的工作……合作百科、工具建设、图书馆事业。"然而，在实践中，数字人文还没有形成一套固定的思想观念，以进行这种意义上的组织建构。相反，对于知识、计算和人文的讨论仍然是一个极其灵活的领域，Allington 等学者最近的研究就证明了这一点（2016）。我们认为，这正是数字人文研究实力不断增强的表现。

在数字人文中，学术工作的概念往往比学术产出的规范化形式（如专著和学术论文）更广泛。相反，数字人文学者热衷于强调他们对于非标准研究的关注，如编码、数字版本、数据库、本体、元数据和可视化等这些通过计算实现的学术知识生产的新形式。由于这些对学术身份、学术职位和晋升方面的影响，所以数字人文的这一方面正在该领域得以广泛讨论。这与数字人文将自身作为一个"局外人"领域的自我认知有着非常明显的联系，而且，不管这些说法有什么好处，有趣的是，在知识生产的编码阶段，计算在很大程度上更有影响力。借助网络技术、移动设备、新型数字屏幕以及专著或论文的形式，计算作为一种阅读媒介逐渐被广大读者接受，这种情形正在变化。然而，不可否认的是，数字人文已经走在了识别和解决问题的最前沿，对于整个人文学科来说，论文的证明力既是至关重要的，也是一个问题。

将计算引入人文领域并没有受到研究人员和学者们的欢迎。自从人们引入计算机以来，在使用计算机方面一直存在争议，"即便是在今天，也有一些人对计算机技术持顽固抵制态度。与此同时，我们可以看到，尽管当今人文学者大都掌握了文字处理、收发电子邮件和网页浏览等基本计算机技能，但他们利用计算机进行研究的方法和技术技能仍相当有限"（Boonstra et al. 2004：13）。一些学科如语言学在某种程度上更欢迎人文计算，尽管最近相对于以方法论为中心来说往往是"偶然"出现的，但从 20 世纪 50 年代开始，语言学学者在相当长的一段时间内都在利用计算机进行研究工作。

实际上，数字人文领域中还有一些其他重要里程碑事件，20 世纪 70 年代由鲁汶 CETEDOC 研究中心制作了基督教义拉丁文版本的电子版，1966 年由 Joseph Raben 创办了上文提到的专业期刊《计算机与人文》（Gilmour Bryson 1987），以及费城社会历史计划（PSHP）（Hockey 2004：5；Kladstrup 2015）。另外还有"成立于1972年的第一个国际专业机构——文学和语言计算协会（ALLC），随后是成立于1978年的计算机与人文协会（ACH），成立于1987年的历史与计算协会，以及始于1973年的ALLC公报，后来在1986年，更名为文学和语言计算（LLC）"（McCarty 2003：1227）。

然而，由于缺乏兴趣和专业知识，在人文学科内部进行的计算方面的工作通常不多——实际上，"人文学科的学者不得不主要依靠计算机语言学家的帮助。因此，大量的活动集中在源编辑"（Boonstra et al. 2004：26）。这种特殊的文本维度仍然是数字人文关注的重点，并明确了其与人文学科分析对象的联系。[9]正如Hockey所说："浏览一下这一时期的各种出版物就会发现，最初由计算机程序生成的词汇研究的论文占了大多数……对某种文体分析或语言应用研究也占大多数。"（Hockey 2004：9-10）到20世纪70年代计算机与人文协会（ACH）成立时仍是如此，该协会是一个重要的数字人文专业协会，它通过会议、出版物等方式支持和传播研究并打造一个专业的"社区"。

一个早期的反例出现在德国。1975年，德国历史学家和社会学家成立了量子小组，旨在通过密切合作，探索利用历史和过程数据的可能性及问题。这是"由一种仅以调查为基础的实证科学的不安感所驱动的，同时是由历史学家对表意和叙述方法的背离驱动的。其目的是弥合德国和其他地方计量历史发展之间的鸿沟"（Boonstra et al. 2004：26）。它的期刊《量子信息》后来更名为《历史社会研究》（Historische Sozialforschung），这本出版物后来涵盖范围更加广泛，包含了与历史和计算相关的学科，但同时侧重于历史研究的计算方面（Boonstra et al. 2004：26）。

尽管如此，语言和文学对数字人文的更大影响可以从该领域与文本编码倡议（TEI）的关系中感受到，该倡议作为系列指南于1994年发表。TEI本质上是一种从SGML（标准通用标记语言）中提取出来的标记语言，类似于XML。TEI"第一次系统地尝试对人文文本中可能引起学者兴趣的所有特征进行分类和归纳"（Hockey 2004：12）。人文计算的大部分工作集中在建档、基础设施和数字工具上，包括使用XML进行"全面的"和"详尽的"建档的思想，通常在文本作品中作为TEI标记，以及围绕物理实体创建元数据。20世纪90年代，随着互联网和万维网的兴起，再加上它自己的标记语言HTML，TEI和其他编码从业者之间出现了一些分歧，但无论如何，正如Mc-Gann所说："把我们收到的人文材料组织起来，就好像它们只是信息储存库，计算机标记作为可以想到的障碍，甚至会完全阻碍我们对文本作品的一般动态功能实现。"（2004：199–201）

数字人文在编码方面仍然非常重要，正如Cordell所言，"你可能会发现编码或元数据档案开发枯燥乏味或学究气十足——当然有些确实是这样——但是你不能认为编码在数字人文中没有编程重要"（Cordell 2014）。这些编码实践也可以追溯到早期的文本计算工作，以及创新的电子邮件讨论列表，如1987年由Willard McCarty建立的人文主义者讨论列表（McCarty，2003：1227；Hockey，2004：11）。正如McCarty所记载的，"在像人文主义者这样的团体以及一对一的交流中，讨论表为建立松散的、动态的和具有对应领域贡献感提供了一种方法"。例如，McCarty探索了建立特别针对人文计算研究日程表的可能性，首先被表达为"方法"，然后被表达为"模型"和"模拟"（McCarty 2004，2009，2013a）。实际上，这已经反映在Kirschenbaum（2013）的"方法论展望"理念中和他对媒体法医学方法的关注中（Kirschenbaum 2008）。这有时被称为"探索性方法论，鼓励研究人员或学生以实验的方式探索材料、数据集或问题"（Svennson 2010）。[10]这种实验的理念是一个关键问题，并与人文实验室的概念有关，我们将在后面章节进行讨论。

在数字人文中，知识表示仍然至关重要，作为一个绝对关键的线索，它使得人们对关于什么是数字人文项目这个问题的辩论和争论始终活跃，如XML和TEI的使用逐渐增多。在数字人文中，知识表示被认为是处于计算容器中的文化形态的编码，这种编码通常是以一种元数据的形式存在，如将莎士比亚的戏剧进行XML编码（Folger莎士比亚图书馆即为该方面的示例），这一点非常特别。即使在今天，这种对编码对象的兴趣仍然是数字人文及其活动本身的核心部分（Fitzpatrick 2012：13）。事实上，关于编码的重要性，Cordell（2014）写道，"任何对数字人文的看法，如果排除或否定了对数字保存、编辑和出版的密切而细致的工作，那都是完全错误的"（Deegan，Tanner 2004：488-93；Smith 2004：577）。我们或许还可以进一步说，任何数字人文的历史，如果没有识别出这一要素，也会严重歪曲该领域的发展。事实上，正如Renear所言，现在的TEI本身就是一个围绕编码主题的研究团体，并将全球许多行业、学科和机构联系在一起。这一研究团体的实践者通过在编码、概念、工具和技术等方面的共同兴趣定义自己。他们更加专注于文本方面的研究，重点提高对文本表示的一般理论理解，并基于这种理解进一步开发方法、工具和技术，以支持出版界、档案馆和图书馆的实际应用。TEI从业者对知识表示系统（如正式语义学和本体、面向对象的方法学等）及其理论化的新方法（文本的非层次化视图、反现实主义、超文本等）有着深入复杂的理解（Renear，2004：235）。

自2001年以来，数字人文这一术语逐渐取代了人文计算这种说法，这是一个相对较新的术语，但体现了在人文学科中融入计算要素这一古老的历史。Unsworth在2001年指出，魁北克拉瓦尔大学命名第一个数字人文课程的原因在于"该课程的名称（"数字人文"）实际上是一种"退而求其次"

的选择，比较而言"人文信息学"可能是一个更准确的名字，但是后者听起来带有太过鲜明的技术色彩，至少对美国人来说是如此。另一个明显的替代方案——"人文计算"——听起来太像计算机支持的某种应用了"（Unsworth 2001）。

在本书中，我们接受了"数字人文"这一概念，并将该领域理解为以一定的计算"方式"来从事人文研究，并且这条"计算之路"还在研究和探索之中。事实上，Kirschenbaum（2012a：9）把"数字人文"描述为一个浮标，"越来越致力于关注一些个体学者由于在他们机构和职业的混乱里缺乏自己的代理人而致的焦虑甚至愤怒"。但它仍然是一种与基础设施有着密切联系的学术和教育，而且其联系方式比我们通常习惯的要更深刻、更明确。[11]例如，关于数字人文本质的辩论和评论被标识为"DH"——还有各种各样的 dh/DH/D_H/#dh 以及 #transformdh 和 #dhpoco（Kirschenbaum 2014：51；Lothian 2011）。[12]然而，即使"数字人文"一词已经固化并被普遍地应用，我们也不得不承认它仍然是一个有争议的术语。但数字人文的问题不仅仅是象征性的或是有争议的。数字人文也是大学正在发生更大变化的征兆，因为它正在不断将其系统信息化，并开始将计算引入更广泛的应用。这些基础设施的变化和科研事业的需求是深化理解数字人文为研究型大学人文文化带来积极作用的关键因素。

通过这些资源，McCarty（2003）将数字人文定义为"方法论共识"建设的关键点，使其他不太了解数字人文的学者学会并借用数字工具和资料以探究"模式"、开发"建模"技术，将人文学科转化成更像一个"实验领域"。通过建立模型，McCarty（2004）指出"构建和使用模型的运行过程中，模型要么是研究目的的表征，要么是为实现某种新事物的设计"（2004：255，重点被移除）。

利用重商主义市场打一个比喻，McCarty 认为，"人文计算专家充当这些知识产品的交易者，抓住机会买进卖出这些商品……从这些交易者的角度来看，各个学科都是实验室，在这些实验室中，这些货物被使用、测试和改进"（McCarty 2003）。McCarty 通过搜索横跨数字人文"分支"的"模式"来对数字人文中使用的方法形式进行分类：（1）算法：开发用于分析源材料的软件，把重点放在数据分析中的机制要素，以及允许处理大量数据并且发现其中的特定模式；（2）元语言学：计算严格的语言学分析；（3）元语言，通过这些元语言可以把难以计算的实体标记在文本中，从而可靠地处理；（4）表征：聚焦于排序、格式编排或以其他方式改变数据的表现形式。

在这种结构中，数字人文本身"就是一种认识论实践，不需要理论的推动"，"也不需要等待理论框架的出现，它是半导向的、半连贯的活动，并非不可信，而是一个实验领域的规范"（McCarty 2003；Berry 2012a；Sterne 2015）。这一观点借鉴了 Hacking 认知干预（如使用显微镜、染色、注射）的概念。但它也否认了一种理论启发的实践，无论是在历史上还是其他方面。正如 McCarty 所言，"人文计算的研究问题以及与之相关的研究议程来自对各种学科的参与"（2003）。然而，这种说法把数字人文的研究问题放到了其他学科领域去定义。McCarty 将数字人文描述为"一种服务性的学科，这门学科倾向于发起合作，制定研究议程，并以学术信誉为结果"（McCarty 2012：117）。于是，数字人文成为跨人文领域的一组共享的方法、工具、资料，除了构建更好的工具和资料（创建用于"干预"的工具）之外，没有自己的学科重点。因此，"数字人文"尽管是一个有争议的术语，却被越来越多的研究人员用来描述他们所从事的广泛的研究工作，甚至用于研究策略或话语建构（discursive construction）（Kirschenbaum 2013, 2014）。[13]

于是，数字人文仍然存在一种理论上和学科上的焦虑，McCarty（2010）

将其表述为"这个小而脆弱的领域有着工业化的趋势"。数字人文主义者可能会以一种批判性的态度去开发工具、数据和元数据。例如，探讨"内容对象的有序层次结构"原则；争论计算是否是用于寻找真理的最好方法，或正如 Samuels 和 McGann 所说的"有缺陷（1999）"——"他们很少将批判扩展到社会、经济、政治或文化的全部领域"（Liu 2012），或是批判他们从事研究活动的工具。这本书的关键论点不是应该选择这个或者那个，而是该学科要有专门的学者来巩固加强，而这些学者应该活跃在数字人文实践和数字人文理论之间。

直到最近，数字人文项目还涉及使用机器来支持研究实践，而不是将其本身作为一种批评工具（McCarty 2009）。充当资料库或搜索工具的电子计算机作为一种研究手段，已经在相当程度上被人文学科所接受，但这些工具和资源本身并没有被普遍接纳为学术研究。当然，目前也没有足够的工作吸收和发展这些方法，从而使数字人文的数字层面本身作为一种批判的手段。事实上，当提及人文学科的关键工作时，黄金标准仍然是论著。因此，人文（学术）界和技术（工具）界之间仍然存在着界限。这种由技术支持的学术知识与我们可以在业界发现的情形有相似之处。在业界，信息管理功能常常被分离为公司的一种服务功能。这一概念的奇怪之处在于，在大多数（如果不是全部的话）大学中，通常已经有了一个计算支持部门，而数字人文通常由学者和研究人员组成。这种历史划分可能有助于解释某些活动被鼓励为学术活动（专著/晋升），而另一些活动"仅仅"被视为与学术相关或是一种技术（工具、材料）。但值得注意的是，计算机科学已经成功地从大学的其他计算部门中脱颖而出，并产生了自己的知识成果形式，因此可以将其理解为特定的学科。

在数字人文领域，无论当前还是历史上的实例都倾向侧重于以文本为中心的工作，这给了该领域焦点和学术关注点，使其工作被认可为数字人文工作（Schreibman et al. 2004： xxiii）。但这并不是说数字人文工作本质上是纯文本的，许多项目都证明了数字人文工作远不止如此。然而，我们可以认为，文本处理在数字人文工作中是具有范例功能的。尽管如此，这类数字人文可持续性的讨论已经成为老生常谈的话题，尤其是在涉及网络服务器和基于云平台上的数字作品的脆弱性方面（Pitti 2004：471 3）。

在之前的研究中，Berry（2012a）认为我们可以对数字人文进行阶段性的划分：第一阶段——在人文中融入计算、计算机资料库和工具（1940—2001）；第二阶段——数字人文（DH），接口和原生数字产品（2002—2009）；第三阶段——数字人文，证明力与文化批判（2009— ）。这一划分的目的不是要创造封闭的概念，相反，我们的目的是形成示范性的分析时间周期，或可以成为将特定时期的数字人文工作集聚在一起的范例。事实上，在这些不同的数字人文活动模式之间存在着许多交叉，而且它们还在不断地继续相互作用和启发。

上述这种划分基本上遵循了Schnapp和Presner（2009）对数字人文前两个阶段的认知。他们认为，第一阶段是在20世纪90年代末至21世纪初，趋向于关注大型数字化项目和技术基础设施的建设。而被他们称为"数字人文2.0"的第二阶段是生成性的，为存在于不同数字情景下的原生数字知识的生产、呈现与交互创造环境和工具（Davidson 2012：476）。以上这些不同的划分模型是为了思考数字人文项目的发展轨迹，也为我们理解数字人文项目各个方面的时间背景和方法背景这些至今还争论不休的问题提供帮助。

Davidson进一步指出，"数字人文2.0"（或多模态人文）之所以与第一阶段有重要影响的、基于数据的项目有所不同，不仅在于它的互动性，而且在于基于另一套理论前提的参与公开性，这些理论前提不同于知识和权威

（Davidson 2012：711）。这种认知"可以通过比较 Unsworth 2002 年'什么是人文计算和什么不是人文计算'及 Schnapp 和 Presner 2009 年的'宣言2.0'"找到线索。在 Unsworth 价值等级的顶端是一些具有强大搜索算法的站点，这些站点为用户提供重新武装自己以满足其需求的机会。相比之下，"宣言"将诸如 Unsworth 这样的价值观置于第一阶段，强调用户体验而非计算设计的第二阶段已经延续了第一阶段的发展（Hayles 2012：44）。

Berry 认为，数字人文应该主动朝第三阶段发展，第三阶段将其对计算的参与/数字作为研究对象展开批判性反思，并作为数字时代人文学科学术问题的一部分（Berry 2012a，2014）。这与 Alan Liu 的研究大体一致，他认为数字人文是与新媒体学者合作的理想场所，尤其是在那些与文化批评和更广泛的公众接触所引发的问题上。Berry 曾在其他场合表示，这可能意味着数字人文正在向着更具批判性的方向积极转变。Drucker 持有类似观点，认为："挑战在于承担……理论原理并将理论原理融入方法的找寻和我们的工作方式中，以便为我们的工作提供一个适当的基础。问题不是数字人文是否需要理论，而是如果没有理论，数字学术将如何成为人文主义？"（Drucker 2012：94）

为了帮助解释数字人文与不同学科的同源异构体的历史联系及其独特性，Ramsay（2013b）认为数字人文有两种类型。第一类数字人文视数字人文为资料/工具，"构建"，"少说多做"（more hack, less yack）。"hack 是一个关于制造的概念，它可能包括开发一个游戏，优化教学实践，包括教学生如何开发一个工具，为一个档案项目编码，为一个艺术装置焊接电路，或为学术出版开发一个新工具。"（Ramsay 2013b）无论是在数字人文论著中，还是在其日常的讨论中，这种观点都经常与"yack"的观点形成对比。像大多数人文学者都认同的那样，"yack"指的大概是通过写作或演讲进行理论化的行为，通常是学者的个人独立行为，有时也会在会议小组或学术合作中进行（Barnett 2014：74）。

Ramsay 认为第一类数字人文"不是由研究对象本身，而是由一系列被认为与其研究对象密切相关的实践：文本编码、档案库创建、文本分析、历史地理信息系统、考古遗址的 3D 建模、艺术历史编目、可视化"，以及对所有这些新的"功能对于人类记录的研究可能意味着什么"的普遍思考组成的（Ramsay 2013b）。他解释说，"第一类 DH（数字人文）是一个共同体"，"在 2001 年初，这个共同体决定更名为'数字人文'，因为人文计算听起来像一个'校园技术支持小组'"。Ramsay 认为"数字人文"是"有用的，因为它可以将我们的活动与媒体研究区分开来"[14]。

另一方面，对于第二类数字人文，Ramsay 说"我不确定它是怎么出现的……媒体研究从业者是数字人文主义者，从事数字教学几十年的人也是数字人文主义者，对网络文化感兴趣的文化批评家，还有一些数字艺术家，都是数字人文主义者"。对 Ramsay 来说，学科身份的混淆"听起来像是某些科技事件发生后人文学科自身的重塑"（Ramsay 2013b）。第二类数字人文是一个更为宽泛的概念，包括媒体理论、文化批判、媒体与传播等。

Ramsay 还重新定义了数字人文的关键方法，这些方法被称为"建造""少说多做"——有时，它们会代替"编码"成为数字人文主义者的要求。Golumbia（2013）评论了这一区别，称它们为"狭义"或"广义"数字人文。他这样做是为了让人们注意到数字人文概念使用方式的有限范围，同时也是为了让人们注意到数字人文如何根据其使用的环境进行不同的应用——因此，对于项目申请来说，会倾向于使用狭义的定义，但当需要反映社会和政治问题时，则可能会使用更宽泛的概念（Koh 2014：103）。Golumbia 认为，对于数字人文来说，将研究领域扩大到其他学科和被广泛理解的批判性研究领域是有重要意义的。[15]

随着对数字人文领域出色关键工作的认识和了解（Schreibman et al. 2004；Gold 2012），我们认为这个领域需要资助人实际上是数字人文项目来更多地支持数字人文的批判性工作。这可能表现在更好地支持数字人文基金项目中的关键/反射维度的项目——不仅是那些与计算机科学/工程等领域相关的跨学科项目，还有更具批判性的学术研究（Gold 2012）。这些都是很重要的问题，因为它们帮助我们作为数字人文主义者思考我们工作的本质，特别是关于这一工作是如何被定义和被理解的，以及理解过程中涉及的隐喻和类比。数字人文主义者的自我定义有时会徘徊在隐喻和数字人文未来问题构建之间的不平衡界限上。例如，Jockers说："现在需要的像是露天采矿还是水力采矿……精读、传统的搜索可以继续发现金块，而更深的矿脉则埋藏在上面的砾石层之下。我们需要的是聚合和弄清金矿和尾矿的开采方法……利用计算的规范来处理、压缩、变形并分析这些金块诞生的深层地层，以首次发掘这些语料库真正包含的内容。"（Jockers 2013：9 10）[16]

整个学术界以及更广泛的社会领域都在呼唤专业知识的更新换代，新的专业知识通常在"数据科学"的概念下集合起来，这是一种完全跨学科的方法，有时被理解为从"搜索"到"相关性"的变化。数字人文可以将这种人文处理方面的专业知识与大数据集（如大数据或数据池中的数据集）结合起来。批判性的方法可以成为这些新的数字方法的补充，并探索如何将技术组织成复杂的组合，从而为开发新知识和新实践创造条件，这就是所谓的材料数字文化。在其操作的多个层次上，如模块化、迭代、抽象、优化等方面，应用了基本的计算原则，以了解规范性的决策是如何做出的。数字人文也可以探索这些结构的治理，以及它们如何与社会更广泛的问题联系起来等等（Rouvroy 2009）。信息是有时效性的，它可能很快就会失去效力。信息的这一特点不仅推动了大数据的发展，也推动了实时分析的发展——特别是在实时数据库或档案数据库可以进行比较和实时处理的情况下。目前，实时对于计算系统来说是一个巨大的挑战，对现有计算系统和数据分析工具的局限性造成了压力。

从技术角度讲，"batch map/reduce"技术如Hadoop和有关计算机系统代表了我们所称的"真正的大数据"应用的出现，在"real-time map/reduce"技术方面（此技术也可以实现数据的实时分析），目前Google的Dremel（Melnik et al. 2010）、Caffeine（Higgenbotham 2010）、Impala（Brust 2012）、Apache Drill（Vaughan-Nichols 2013）和Spanner（Iqbal 2013）等是代表性技术。这是实时信息流处理与复杂分析相结合的应用，也是管理大型历史数据集，如音像档案、海量文本数据集、Web档案等的能力。数字人文在这方面面临的挑战是相当大的，为了将数据保存在内存当中，需要建立千兆级的计算体系结构。此外，还需要构建庞大的分布式内存系统以实现内存分析，结合开发复杂算法和技术能力来创建研究所需的基础设施，以便为人文学者开发这些资源。有了构建、管理和评价这些系统的需求，人们就可以很容易地理解为什么物理形态的实验室可以成为人文学科进行计算工作的支撑基础设施的重要组成部分。

数字人文在这里被描述为一种历史的、物质的和批判的方法，用来理解我们经验的主要组织原则是由人类自己创造的一系列社会力量所发展出来的思想产生的。我们同意Moretti所说的"需要比数字人文更宽泛的东西来让人文学科变得有意义。人文学科需要大理论并提出更大胆的概念"（Moretti 2016）。思考人类在日益数字化的今天所扮演的角色这一问题，我们认为数字人文可以做出重要的贡献——它能够而且应该发展大理论并提出更大胆的概念。这包括认识开发和支持研究的基础设施所需的计算条件，理解描述和编码知识表示的复杂性，开发和维护工具及资料库，并将这一工作作为关键的反身性议题以及可以动态促进和响应这些结构与实践的助推器。如何构建人文教育，促进个人发展与人类的智力成熟？如何推进民众教育？计算时代的关键问题和挑战是什么？在这些观点的启发下，人文学科的本科生或研究生课程应该是什么样子的？

现在我们来看看其中的一些问题，首先是我们所说的在数字人文中对于发展知识以及理解批判性和反身性工作的可能性条件——我们称之为计算思维。

第三章
通往计算思维之路

"哲学家们并没有对我们平日里习以为常的'是什么'和'怎么做'之间的区别进行清醒的判断,这两个概念往往被混为一谈。在他们的知识体系结构中,尽管一直关注对真理或事实的发现,但是他们要么会忽视对做事情方式和方法的发现,要么将其简化为事实的发现。"(Ryle 1945)

数字人文的相关研究需要一种新的计算思想批判性方法，通常称之为计算思维（computational thinking）。本章中，我们会对这种思维进行探究并分析它将如何发展。我们可以将这种认知实践看成一种通过计算智慧实践发展而来的知识，即不仅仅是技术知识的一种形式，而且是从行动中产生的实践智慧。它包含从整体上对计算和计算实践进行思考的能力。因此，这种形式的计算思维必然与一系列可以称为素养的实践相关联，这些素养与技术，特别是算法，和计算技术有关。

这里我们采用源于Ryle（1945）的术语"实际推理"（know-how）来表达在知道如何去做的活动中发生的已经展现的实践推理，也就是Ryle所说的"知道怎么做"（knowledge-how）。Ryle将这一概念与"知道是什么"进行对比。后者更关注事实，并且没有将通过推理能力去得到或者演绎知识作为首要任务。实际推理的概念对于思考数字人文是非常有帮助的。在技术层面，实际推理有助于思考如何在人文学术研究中使用计算机；在理论层面，实际推理有助于我们在进行数字人文实践的时候认清我们正在做的工作。Ryle提及：

> "哲学家们并没有对我们平日里习以为常的'是什么'和'怎么做'之间的区别进行清醒的判断，这两个概念往往被混为一谈。在他们的知识体系结构中，尽管一直关注对真理或事实的发现，但是他们要么会忽视对做事情方式和方法的发现，要么将其简化为事实的发现。"

（Ryle 1945）

数字人文经常讨论当新的计算方式出现时需要什么样的素养，这些讨论通常在某一特定的编程语言情境下进行。当讨论在新的数字文化中公民需要扮演什么样的角色时，这个问题会反复出现。他们需要学什么？未来的相关教育需要包括什么？这个问题通常会被简化成"人要会编程吗？"支持学习如何编程的学者通常认为编程不是一项技术型技能，不是单纯开发一个可运行的程序那么简单，而是一项需要某种特定推理能力的技能。例如，Moretti解释道：

> "我在年轻的毕业生或更年轻的同事中看到的这种编程能力，使得他们拥有我没有且不会再有的一种智慧和直觉。这种智慧体现在写脚本的时候，写脚本的过程也是概念生成的过程，虽然并没有被表达成概念，但可以从结果中看出来……开设数字人文课程的大学应该保证每个人都有机会学到这种智慧。"（Moretti 2016）

本章中，我们想结合计算思维的概念提出这些问题，并探究这种形式的思维与计算和公共文化相关实践的关系。

事实上这些问题在历史上与文化有关，而在今天的计算文化中，这些问题通常被重新解读成与计算能力有关。例如，在艺术领域，Brecht认为能力本身在学习艺术时是多余的，因为它提供了接触艺术的机会，因此实践打开了对艺术的体验和理解的可能。他写道"只要是为了解决和应对现实情况中的问题，就不需要顾虑为普通大众创造大胆和不寻常的东西。永远会有鉴赏家声称'普通人是不懂这些的'。但人们往往会绕过这些障碍并从直观上去理解艺术家们"（Brecht 2007：84）。人们是否已经做好准备去直接接触计算是一个有趣的问题，而且在大部分情况下，在这个无处不在的数字媒体时代，他们已经这么做了。尽管如此，今天大部分人对他们日常生活中非常依赖的技术只有粗浅的认识。事实上这在大学教育中得到了体现。从历史角度来看，计算教育一直没有得到足够的重视。我们认为这是一个有成效的起点，但它其实还远远不够，因为它可能更多侧重于计算思维的工具性和实用性。通过对这些要素的思考，我们也希望对其加以补充和扩展，使之包括思维和实践的人文模式。总之，我们认为，这些工作既可以为发展数字人文实践奠定基础，又能对该领域开展相关评价和批判的工作创造可行的条件。

计算思维通常被描述为将计算机编程和计算机科学的原理运用到问题域中。在创建例程（routines）或工作流时，可以将计算机应用于新的领域，或仅仅使用一些编程原则而不是使用计算机。这一术语起源于一门教育课程：Jenette M.Wing（2006，2008）等学者强烈认为这一抽象思维会成为未来几十年的关键技能，它应该成为通识教育的课程之一。Cuny、Snyder 和 Wing 将其定义为"提出问题及其解决方案所涉及的思维过程，以便用信息处理代理（an information-processing agent）就可以有效地展现解决方案"[1]。Wing 随后将计算思维概括为"抽象思维的自动化"（2008）。

为了对构成计算思维的技能提供一个概括性的描述，Wing（2006）列举了计算机科学中的许多概念，诸如递归、类型检查、别名使用、抽象、分解、问题分解、建模、不变式等，同时坚持认为计算思维是"概念化的，而不是程序化的"（Wing 2006：35）。Selby 和 Woollard（2013）对之后有关 Wing 的争论进行研究后提出："计算思维是一种活动，通常以产品为导向，与问题解决相关，但也并不仅限于此。"它是一个认知或思维过程，反映出抽象思维能力、分解思维能力、算法思维能力、评价思维能力和概括思维能力。（2013：5）

我们想带读者了解一些概念和实践，我们认为这些概念和实践对发展批判性计算思维至关重要。究其本质而言，这张列表旨在开放性而非全面性。我们的主要目的是在一些关键领域上抛砖引玉，这些领域可以在思考如何教授、体现和实践计算思维时加以利用。反过来，我们将研究自动化、抽象、分解、算法、编程语言和计算美学，然后将这些元素组合在一起，思考如何将这些元素共同构建成一种新的计算思维模式。这种尝试将有助于如今的研究实践，其方式类似于人文学者如何运用档案思维，或"如何运用档案情报从而更好地利用档案辅助工具和档案中所包含的材料"（Anderson 2013：11）。过去，研究人员必须学会如何使用分类系统、图书馆、档案馆和其他资源，他们还必须与不同的行为者接触，如图书馆员、档案管理员、技术人员和数据管护人员。同样，计算思维有助于特定形式的计算智能，促进这些新的数字资源的使用，同时也有助于获取可能已得到修复的旧资源——开展数字化处理和存储并放在数字目录中，或将其转变为新的元数据来源。

首先我们观察到自动化是计算的核心。在电子计算机出现之前，人们按照标准化的步骤进行计算，被称为"计算机"。事实上，Busa 与 Thomas 著作索引早期的工作是使用电子卡片打孔机器自动处理，从现代的意义上说这并不是电子计算机。人文研究者从托马斯的作品中选择了一行，将其打在卡片上，机器复制的卡片数量与其中的字数一样多，然后将它们加入总堆栈中，并对堆栈进行排序（Busa 1980；更多参见 Busa 第四章）。

Moretti 在其著作《遥读》中展现了在不使用计算机的情况下自动化工作的有用性。在其中一个研究中，他和他的研究生团队阅读了 19 世纪末的 128 个早期侦探故事。知晓谋杀案的手法后，他们从文本中寻找线索，并根据一个简单的方案进行分类。通过将故事的其他部分抽象出来，Moretti 和他的学生可以研究一种特定的类型特征是如何在一段时间内发展起来的。这不是一个巧合的抽象；许多人认为线索的存在是侦探小说中最重要的特征。随后，Moretti 惊讶地发现，在样本中线索的存在并不普遍，而且在样本中，线索的设置并没有扩展开来，也没有变得更受欢迎。在这个案例中，学生们实际上是作为"有血有肉"的计算器或者计算机，承担了分析图书的工作。同样，Manovich 和他的同事使用亚马逊的土耳其机器人（Mechanical Turk）服务进行图像识别，他们聘请很多操作人员人工查看图像和代码，然后对这些代码进行统计分析（2014）。[2]

人文研究可能会经常涉及重复且微小的分析步骤，这表明自动化对于人文学科来说并不是一种陌生的方法。当需要完成大量的工作时，这些工作可以委托给一个自动化程序。无论这个程序是人工的还是电子的，都可以完成无数次微小的任务。在大量的文本中，单词搜索是数字人文领域最强大的工具之一，既可以定位一个术语的所有位置，也可以计算一个词的词频，从而用于统计分析。单词搜索和计数也是语言计算学革命的基础。不难看出人们是如何在很长的列表中注意到每一个单词的每一个实例，以及每个单词加上附近出现的其他单词以形成有紧密上下文关系的句子。当创建这个长列表的时候，人们可以计算出每一个单词和与它一起出现的其他所有单词的共现次数。这些必要的步骤都很容易理解，但人们很快意识到这是一项浩大的工作，哪怕是对于一个相当小的语料库（corpus）都不例外。然而，采用计算机完成上述的自动化过程时，计算机不仅可以胜任，而且可以在语料库语言学中产生巨大的效果。在数学方法失败的情况下，自动化可以成功地产生可用的结果。工程师们常常需要检验一些不能用概率或者现有统计数据进行建模的复杂系统的可靠性。相反，他们使用"蒙特卡洛过程"去模拟运行了大量的随机输入（随机数字的使用本身就是 Wing（2008）提出的计算思维的例子之一）。

正如上文所述，自动化对传统人文研究其实并不陌生，计算思维是一种能力，它能够常规地反映出计算机是如何应用于人文学科的工作从而使过程自动化的。这种在工作流中重新塑造人文学科的能力，可以进一步分解成更细粒度的分散能力。这种能力是数字人文领域创建和处理人文数据的核心组成部分。

接下来我们看一下抽象的概念。当然计算机科学并没有发明抽象方法，正如 Selby 和 Woollard（2013）指出的，计算机科学并不是一个特殊的领域。

所有的科学和人文学科都会采用抽象的方式去思考。但是为了实现自动化，计算机科学研究了一些特殊类型的抽象方法，也同样适用于其他领域的抽象工作。

计算机抽象是"非常普遍的，因为它们是符号性的，其中数字抽象只是一个特例"，Wing（2008）认为，计算机中的抽象比数学和物理科学中的抽象更为丰富和复杂。与此同时，她还使用了一个非常简单的抽象概念，即"忽略那些对当前的问题无甚关系的细节"。这种工具主义也是人文学科计算思维的核心。学者们向计算机学科寻找表示素材的方法，这样他们就可以对素材进行当下以及未来的计算。

正如Wing（2006，2008）提出的，我们想要强调抽象层是计算思维的基础。任何计算机的使用都将包含比标准的精读方法更为详尽（低层级的）的描述和模型，以及更多的高层级抽象概念。为了计算复杂的问题，这些模型会被组合成层次聚类模型。分解一个问题时会向较低的层次转移。有趣的是，虽然这样做是为了更接近一个问题，但并不意味着要远离抽象。事实上，当问题被分解成最小的步骤时，问题很有可能会变得更加抽象。相反，例如算法这样更高层次的抽象可以在许多不同的系统中重复使用，因此在现实中可以被当成很多相似结构的抽象概念。我们在前言部分提到的数字人文堆栈就是一个采用层次思维的例子。由于更抽象的形式往往是在之前的元素上进行分层，所以在使用和操作计算资源的方式上会产生质的变化。用标记语言表示的书籍，如HTML或者TEI（参见第四章）就是很好的计算思维抽象概念的例子。在底层，所有的字母、标点符号以及书中单词间每一个空格都会表示成字符。上一层将单词组织成更大的部分，然后用段落、标题、章节或章节标题来表示。在印刷页面上使用标题和额外的空白空间（当一个章节从新的页面开始时），在计算机中都是用代码呈现的。不同的抽象层次上有不同的语义单元。例如，对其他作品引用的标记、对话标记线或者在关键的版本中对同一段落选取来源于不同版本的可供选择的内容。

标记代码，尤其是由文本编码倡议（TEI）开发的代码，总有一个实际的目标，即它们是为了将来的自动化而创建的。对结构和语义元素进行编码，可以在不同的排版和布局中使用自动布局规则打印或显示相同的存储数字文本。同样的代码也可以被用于创建文本的抽象模型，比如设置一个目录，或者计算某个字符所在的行数，又或是计算一个作品中某个词不同形式的使用次数。因此，标记在不同的级别上使用了抽象概念，这再次为对文本进行海量且多样化的计算开启了大门。一组正确的抽象概念允许有大量不同的自动化，这是一种非常基本的计算思维。这也能回答为什么知识表示和编码的实践工作是数字人文的重要组成部分。

在数字人文学科（McCarty 2016）中，关于建模的问题已经引起了很多争论。标记本身并不是一种模型，但它是文本数据编码的一种方式，使数字人文学者能够创建计算机化的模型。通过对标题、章节、子标题、段落和文本的层次化模式进行标记，编码器可以为文本计算出模型大纲。文本的其他聚合模型同样可行，这些模型产生各种统计数据，可以进一步研究和计算，从而了解更多全文本的信息。

下面我们讨论计算思维中的分解问题。计算的好处来源于对微小任务的不断重复，因此将一个大的问题或任务分解成可以连续解决的小问题是至关重要的计算思维能力。所有的计算都是可以分层的，计算机的所有使用过程都是经过精心设计的且重复使用非常少的逻辑函数，如"与"、"或"和"非"。编程语言将这些表达式的使用序列自动转化成常见的运算，如数学运算、if-then-else运算、循环、内存存储以及对各种变量的检索。一个问题该如何分解是关乎计算素养的问题。计算机程序员可以看出如何将问题分解成计算机语言例程以及标准的算法或过程。现代语言和编程环境中包含大量的例程和类库，这些可以在组合中重复使用。同时，人文学者需要对问题区域进行定义并提出可能的解决方案。分解的第一步是将研究问题付诸实践，即将一个大的兴趣领域转化为一个明确的问题和一个解决问题的过程。这个过程（至少在许多学科中）被称为研究方法，并且类似于一个算法。因此，计算机最终需要编程，而不应该看作是程序员和非编程学者之间的分界线。分解作为一种有条理、有逻辑的任务导向思维，是所有学者和研究人员都需要训练的。

例如，奥斯陆大学的音乐学者们用不同的方法研究了挪威的音乐流媒体服务是如何使用的。在该定性研究中，人们被要求在特定的时间里记录他们的收听习惯，之后他们会被问及是如何选择音乐的，以及是在怎样的情景中做选择的。因此，宏观上的音乐使用问题被分解成不同的时间碎片，并由实验的参与者进行记录。随后，研究者对记录的日记和采访信息进行了分析（Hagen 2015）。这种定性分解过程与由其他研究人员在项目执行中进行的计算机化的定量研究并没有太大的差别。在这个项目中，使用 Tidal 音乐流媒体服务的聚合流媒体日志会根据每一位听众的收听行为进行划分，比如是听某个艺术家的某首歌还是听整张专辑、收听习惯如何与大型音乐会和音乐节相关以及一天内听众在什么时间段更偏好什么类型的曲风（例如，重金属曲风在午后听得最多，爵士风格在午夜听得多）。

接下来，我们来讨论一下算法的概念。分解、抽象和自动化在计算机编程中结合在一起，正式统称为算法或算法集合。换言之，一个结构化的步骤序列通过由逻辑运算符和条件语句约束的一系列机械应用程序从输入创建输出。计算思维强调的是理解算法是如何构建的，以及对一些标准算法的熟悉程度。

算法通常被定义为（来自《不列颠百科全书》）：一种"系统的过程，可以在有限的步骤中产生问题的答案或问题的解决方案"（Algorithm 2015）。虽然"算法"一词来源于伊斯兰数学家 AI-Khwarismi 的名字，但这个概念和数学本身一样古老，因为任何解决问题的过程都是一种算法。由于计算机本质上是有层次的，计算机算法总是位于特定的抽象层次上。以数学算法为例，它包括基本的数学运算符，例如加法或除法的规则，将使用专门的算法。但这些都是隐含在编程语言库中，很少能够发现将这些算法用于对程序员日常思考中想到的新算法进行流程化映射，毕竟这一过程本身就已经为了抽象而牺牲掉诸多细节了。

计算机算法经抽象化描述后也可以通过多种方式编程。例如，Joseph Weizenbaum 著名的 ELIZA 项目——模拟一个 Rogerian 的心理治疗师打字风格对所有的英文输入进行回复。该项目在麻省理工学院（MIT）进行，在 IBM 7094 的计算机上使用 MAD-SLIP 的编程语言，并仅仅出版了一个通用的描述（Weizenbaum 1966）。Weizenbaum 首先描述了句子是如何解析的："输入的句子从左到右进行扫描。每个单词都在关键字字典中进行查找，如果一个单词被识别成关键字，那么（忽略关键字优先级的问题）只需要尝试包含该关键字的分解规则。"（1966：38）然后他又谈到某些关键字需要特殊处理的细节："通常情况下，当一个人说到诸如'每人''总是''没人'之类的共性时，他实际上是指一些非常具体的事件或人。"通过给"每个人"一个比"我"更高的等级，就会产生"你所想的人"的回答（Weizenbaum 1966；39）。Weizenbaum 还提供了关键字检测的基本流程图，以及一些用于权衡关键字的特定算法。由于 ELIZA 只在 MIT 的 IBM 7094 系统上运行，其他人基于 Weizenbaum 的文章编写了相似的系统，其中最著名的是 Bernie Cosell 在 1996 年的 LISP 版本中使用的，Richard Stallman 在他的基础上创建了 GNU

EMACS 的版本。Jeff Shrager 的 BASIC 程序是在 1973 年写的，并在许多流行的计算机杂志上多次发表，这个程序也是基于 Cosell 的程序（Shrager 2015）。如今，许多系统都有类似的程序，包括手机版本和可以在 Web 浏览器中运行的 Java Applet 程序。这些使用不同语言的不同版本必然是不同的，Cosell 的 LISP 版本是 2500 行代码，而 Shrager 的 BASIC 程序仅仅有 250 行代码，其他版本则在两者之间。这些算是相同的算法吗？答案取决于抽象概念的级别。在细节上，这些算法并不是完全相同的，但它们的相似程度足以被认定是相同的版本。更重要的是，在大多数情况下，它们通过相同的输入会产生相同的输出结果，因此，对于用户来说，它们似乎就是相同的程序。

计算思维也是一种将著名算法付诸使用的技巧。随着时间的推移，计算机科学和其相关领域积累了大量在图书馆中使用的常用算法，这些算法经常在人文学科中多次使用，并取得了有趣的结果。Wing（2008）的例子使用"鸟枪法测序"，彻底改变了遗传学。鸟枪法本身就是一种使用随机数和分解的例子，它们都是 Wing（2006）提出的计算思维的原则。一般情况下，很长的 DNA 序列被分解成随机的重叠比特，每一比特都分别在单独的过程中测序，在实践中使用许多计算机来对所有的比特进行排序。序列化的比特通过寻找重叠端的不同算法拼凑在一起。以基因学为例，在人文学科领域，算法已经被应用于文学研究中用来对中世纪乔叟（Chaucer）的《坎特伯雷故事集》（*Canterbury Tales*，Spencer et al. 2003）手稿版本（同一作品的不同手稿版本的年表）提出假设，并且绘制出 Harlequin 出版的爱情小说的常见流派特征（Elliott 2015）。这种在不同问题领域之间套用算法的能力是数字人文学科开辟的令人兴奋的研究机会之一。

应用其他领域的算法通常需要跨学科的团队合作，因为很少有学者能同时在数学和人文学领域都游刃有余。正如 Moretti（2016）发现的，"数字人文学科在人文学科、群体工作和系统中被引入"，如果更大的研究团队的跨学科见解被整合到一个群体中，并在必要时引入相关的专业知识和技能，那么数字平台、工具和方法的开发必定会得到改善。这就是为什么许多数字人文项目都是由跨学科团队组成的，这些团队会让训练有素的专家来解决特定的研究问题。这种情况有时会被称作"大人文"，指的是结合新的人文研究维度的计算尺度，从孤立的学者到研究团队和（通常来说）大数据的转变。

有时将人文领域研究的算法用于自己的子领域。寻找和改进算法来解决每个确定的问题会给很多学者带来好处。从传统的人文研究问题（例如一个作品的作者是谁）向算法问题（哪个算法能最有效地确定新文本的作者——Hoover 2004），再到数学问题（为什么最有效的那个算法性能很好——Argamon 2008）的研究兴趣点的转变是未来可以预期的事情。我们可以预见将来人工智能和计算机科学领域的并行发展。

似乎我们倾向于在我们创造的计算机和算法上模拟我们对人类思维的理解。Bolter（1984）观察到计算机是今天这个时代的首要隐喻，该想法受到了其他很多学者的响应。Chun（2011）声称虽然早期的计算机是基于当时的有关人类大脑功能理论构建而成，但这种情况很快就被颠覆了：随后而来的心智理论将电子计算机当作隐喻。Phillip Agre（1997）在对人工智能（AI）历史的描述中，解释道为了创造出看起来是智能思维结果输出的系统，人工智能研究人员创造了日常用语的狭义的技术性定义。他认为：

> 像"计划"这样的词，已经被当成一个技术术语了，它有两个方面。例如，一方面，当一个运行的计算机程序被描述成计划去购物时，操作者的技术成就感取决于对"计划"一词的理解。另一方面，只有当"计划"在数学实体或计算机结构和过程中得到正式定义时，才有可能称为"计划"。（Agre 1997）

计算机起初试图模拟人类行为，或者更确切地说是模拟作为智能推理的结果的人类行为，之后很快就变成了解决狭义技术问题的工具。计算机的目标是演示一个解决技术问题的工作解决方案，并可以被重复使用。因此，当"计划"、"约束"或"最小承诺"这些术语通过在特定领域第一次成功演示引入到人工智能领域时，人工智能很自然地将这些术语转化到其他的领域，并与其他活动进行深层类比（Agre 1997）。

然而，当人文学科的作品可以通过计算的视角观察时，该学科的危机也就出现了。所以，对于数字人文学科来说，仍旧专注于人文问题是非常重要的，即使这种研究需要借助计算方法来实现。

也许正是出于上述原因，虽然人工智能研究催生了计算机科学领域之外的有关理性、智力和语言的现代理论（参见 Eco 1976），但它仍然远离主流的心理学或哲学。人工智能的推理模型是在该领域的问题中产生的，所以也无法保证这些模型可以被自如地应用于其他领域中。

今天，流行社交媒体似乎"了解"每个用户，并基于关联规则学习算法推荐书籍或音乐（由 Agrawai 等人于 1993 年推出），这些社交媒体可以将每个用户的消费情况与其他用户进行对比，这一点很重要。如果我们将"品位"（Amazon）、"新闻"（Google 新闻）、"相关性"（Google 搜索）、"兴趣"（Flickr）等概念的定义权利交给计算机程序，那我们可能会失去几个世纪以来对人文主义的洞见。同时，放弃 Amazon 的推荐系统、Facebook 的新闻推送或者 YouTube 的推荐视频的想法显然是徒劳的，那些想避开这些推荐频道的人文学者则有可能变得边缘化，失去与现代文化的联系。当前对机器学习的兴趣使得越来越多的此类服务出现，并且变得愈加复杂。对于与之相关且带有批判性的人文学科来说，唯一的方法就是理解和评判那些显然带有智能和智慧的算法，并提出基于人文主义传统的替代方案。正如 Hayles（2015）

所言，在讨论"无意识的认知"，即"执行认知上复杂行为"技术兴起时，"其实最主要的问题是人文学科的核心价值、对于无意识认知的人类意识的解读以及对人文主义角色重新思考的机会"（2015：505）。

社交媒体只用了十年的时间就彻底改变了西方世界的日常媒体习惯，并且成为现代文化的重要组成部分。经济大权也早已经从旧时代的媒体转移到Facebook、Google、Apple和Amazon等这些新贵手中。议程设定的权力也正在从报纸、电视转向社交媒体。这似乎是一种民主的转变，社交媒体上的推文，以及Facebook或微博上的故事和视频（"分享"）的链接，可以改变公众辩论的议程。然而，算法在很大程度上控制了这种关注。Facebook早在2006年就意识到，Facebook平均一个用户的所有好友的信息输出会淹没用户自己，所以Facebook将EdgeRank算法引入到用户的新闻订阅中（Facebook 2011）。EdgeRank扫描用户所有好友的可用信息，加起来轻松超过1 000个，并选择其中的一部分，基于上万的变量来描述每个推文和推主（Mcgee 2013；Patterson 2015）。Bucher（2012）认为，这种筛选功能必然会影响用户在Facebook上的行为。为了让他们的朋友"可见"，用户将知晓什么样的推文会从他们的Facebook好友那里得到回应，从而适应这种算法。由此可见，要想在社交媒体文化中对自己的生活状况采取行动，就需要通过算法思考，而对于一个人文学者来说，批判性地思考算法及其含义将变得越来越重要。这种行为的算法塑造是计算科学领域一个至关重要的伦理学问题（Berry 2012b）。

现在我们回到学习计算机编程的问题上，越来越多的人认为编程是与我们高度计算的时代有关的实践。通过编程，人们不仅能更深入地了解计算机，还能体会创造实用性程序的愉悦感。即使是简单和传统的"Hello World"练习，也解释了字符串是如何存储、如何创建屏幕输出，并为初学的程序员提供操作计算机的乐趣。编程可能是真正掌握计算思维的唯一方法，因为这种推论的特点就是把整个世界视作计算机程序可以解决的众多问题的集合。

许多人文学者一直在讨论计算机底层的构造，它不仅决定了计算机的用途，还决定了数字时代的文化。数字化底层声名狼藉的"0"和"1"已经引起了许多学者的关注（Kittler 1995；Chun 2011；Dexter 2012）。目前，对于计算机高层次表达的研究还不多。譬如，Manovich（2001）认为在计算机上表达的数字远比实际的数字系统（或字母，Finneman 1999）更重要，而这一见解并没有引起学者们的重视。我们很容易就会发问，为什么二进制数字表示应该比在低级计算机程序中实际发现的十六进制表示更重要。Berry（2011）提出了一种更全面的观点，即当他将计算机代码划分成不同的"理想类型"时，对多层计算机代码的看法就更全面。代码作为一种抽象概念，显示为特定计算机语言的源代码时是"授权式代码"，编译成计算机运行的二进制代码时是"指令式代码"。理解这些关键的区别对于在数字人文学科中思考问题是非常重要的。

有关不同编程语言的优点以及应当教授哪一种编程语言引起了广泛的争论。尽管这个问题很重要，但它不应该掩盖以教授计算思维为目的的核心原则。正如 Leon 所言，"我们应该掌握足够多的知识，使你有能力回答学术问题，而不是让你有一种抽象的能力去像程序员一样建构事物，除非你在回答专业问题时必须这么做"（Leon 2016）。事实上，我们应该承认并理解计算机语言之间的区别，这些区别通常与问题域的特定需求有关。计算机语言有不同的层次，这再次展现了抽象概念的层次，是典型的计算思维。例如，Web 网站"IFTTT"（http：//ifttt.com）允许用户将不同的 Web 服务与简单的"if"测试语法连接起来。它可以作为一种高级语言的例子，在 Web 网站本身和它所插入的服务中集成了数千甚至数千万个低级计算机代码。所有的这些操作对于用户而言都是透明的，用户只是看到简单的 if-then 语句。JavaScript 是一种比较低级的语言，编程相对容易，依赖于不同级别的应用程序和代码来运行。要为一个流行设备编写本地应用程序，无论是本地端的还是移动端的，都需要较低层次的代码和更多的计算细节。在数字人文项目中经常用到的语言，例如 PERL 或 PHP，都需要对变量的使用有更多的考虑。这两种语言对人文项目有不同的好处：前者是更容易对文本字符串进行操作的工具，后者则更容易对主流数据库进行操作。

建立数字化的研究数据库需要一种底层思维。例如 TEI 和数据库结构的编码需要精心计划，不仅仅是为了有效地检索数据，更是为了最终获得数据。一个好的数据库结构能够更容易地建立和维护数据库，这是所有研究数据集的重要工作。研究数据集的形式由构建数据库的本体决定——对以后的数据库使用影响巨大，而且实际上，后续对数据库结构的修改并不容易。因此，在数字人文研究项目中除了需要对人文数据的管护深思熟虑，同时也要对人文数据本身及其设计和实施都保持高度的敏感性，这是数字人文工作的双面性，也体现了这一领域的复杂性。

分层也是面向对象编程的原则。起源于在计算机中对工作场景建模的尝试（Dahl & Nygaaard 1966；Holmevik 1996），面向对象的编程语言允许程序员用自包含的对象创建模型。每一个对象既包含自己的数据（字段），也有自己的方法（在数据上执行计算方法的算法）。因此，程序描述了对象以及对象之间如何交换数据。对象在许多语言中被描述为抽象类，并需要创建相应的实例。这意味着（起源于）同一类的多个实例可以同时存在，具有相同的字段和方法。类包含可以从父类集成部分字段和方法的子类，而有些字段和方法则是子类独有的。这个继承的概念（或者说是实例）是计算机思维的另一个例子，即分层，它也体现了模块化（或分解）的思维。问题域可以看成是世界的一个模型，它被划分为抽象的模块，构成了对象的类。有些学科会改变学生的思维，而学习面向对象的编程对许多人来说就是一种思维上的改变。虽然对于初学者来说，这可能是一个很难的概念，但一旦掌握了基本概念，它可能就会改变一个人对于世界的看法。正如 Jay David Bolter（1984）提出的，每一个时代都使用一种核心技术作为其解释的主要隐喻，我们相信在未来的许多理论中，对象、类和实例都将会成为这样的隐喻。

近年来，随着大量的计算机系统开始使用面向服务架构的模式，这种模块化已经向前迈进了一步（Fox & Patterson 1994）。使用这种方法的例子包括 Amazon 和 Facebook。在这样的体系结构中，系统是由相互连接的而彼此独立的子系统构建的，这种结构也叫作"服务"。一个登录系统可以是一个服务，一个退出系统是另一个服务，一个数据库则可能是第三个服务。服务只通过正式的 API 连接，即一个系统不允许以任何其他方式访问另一个系统的数据。面向服务架构的支持者们认为，因为不同的服务可以用不同的语言在不同的技术平台上实现，所以最终的系统会更加灵活。同时，即使一个服务失败了，另一个服务也可以继续运行，因此系统更具有稳健性。这些想法正在影响数字人文的发展，因为数字人文开始从它的平台和研究基础设施的角度阐述它的系统，尤其是系统的互操作性和共享数据问题。例如，通过关联数据的概念，数据可以被其他系统通过一系列不同的数据库组合并聚集成新的形式而被引用。

数字方法倡议（DMI）是一个类似的高级方法的例子，研究者创建了大量脚本去获取 Google、Twitter 和 Amazon 等大型公司数据库中的数据。正如我们下文会讨论的那样，以这种方式建立的 Web 服务器需要看出这些工具能够回答何种问题的能力，并且在这些问题中，挑选出研究者最感兴趣的部分。这是将计算思维付诸实践的例子，即将问题和关注点转化成可以由计算机解决的模型和例程。

譬如，我们想看看美学在计算和数字形式方面的概念。程序员通常把程序代码看作是美学对象，就像数学家在优雅的等式中看到数学之美一样。一个简单、清晰但强大的算法就是"美丽"的，正如在数学或物理学中，简单但是有强大的证明和预测力的等式是"美丽"的。我们不仅仅想要算法，我们还希望算法可以满足一定程度的审美要求（Knuth 1973：7）。

然而，计算机代码不仅仅是抽象的，它们还可以用来完成任务。人们总是喜欢更"优雅"的解决方案，因为这意味着更高效的代码。Chaitin（2006）解释道："如果一个程序是完成必要输出结果的最小程序，那么这个程序就是'优雅'的。"因此，仅仅数行就可以产生显著效果的代码是优雅的，特别是当使用的技术是崭新且不扎眼的时候。创造出高效而美丽的代码是程序员聪明劲和创造力的体现。

正如 Wing（2011）强调的，计算思维也是工程思维的一部分。因此，一个优雅的程序不仅仅有优雅的代码，而且是高效地使用资源。在两个执行相同任务且产生相同结果的程序中，人们通常选择更快的或者使用更少内存、带宽和 CPU 等稀缺资源的那个程序。这有可能还是一个伦理学上的任务，比如为南部的老旧计算机提供可以运行且费用不高的程序是一件极有意义的工作。

编写对程序员之外的人依然有很好的可读性的代码也是一种美德。这种可读性包括变量名称的选取需要便于理解，并且使用换行和缩进等结构使得布局清晰可见。代码审美的最佳实例就是每年的"混淆代码"竞赛。在这个竞赛中，参赛人员需要提交看起来难以辨认但是编译后可以完成任务的代码。当然这种竞赛是建立在相同的代码审美的幽默评论基础上（参见 2011

年 Berry 对混淆代码的讨论）。

在一些圈子里，代码甚至被看成一种文学，比如在"代码诗"运动中，成员会将计算机代码写成诗歌（Berry 2011）。用代码写的诗可以是可执行的（并且很多人会认为这些代码更优雅），也可以不必是可执行的。我们认为，这一运动是第三波数字人文学科的潜在研究领域。在这一浪潮中，学者们转向计算机去理解它们作为人类交流系统和今天计算文化的基石的角色。

在计算思维方面的训练不可避免地会涉及培养对优雅代码的鉴赏能力。这种阅读计算的审美模式有助于数字人文学者的实践，即便他们不写代码。事实上，这种通过计算实现的方法有助于训练人们通过计算和正规分析来看出有效解决研究问题的能力。对代码审美的理解可以开发出更好的系统，在这些系统中，不同的部分被清晰地描述。这个系统是稳健的、可靠的并且可以被其他人修改、添加和重复使用。在经典的人文传统中，对逻辑和语法的训练可以培养出清晰和合理的思维。很多人支持这个观点。我们认为，对于数字人文学者来说，思考时兼顾到代码的美学可以培养清晰的思路。

我们已经介绍了一些计算思维所需的技能，如自动化、抽象概念、分层建模、分解和算法。正如我们所论证的，这些技能最好通过某一种编程语言练习掌握。当然，代码并不是解决社会所有问题的灵丹妙药。然而愈发显而易见的是，编程技能使得人们能够在日益增长的计算文化中与人互动并引导自己的生活，这种文化在日常生活的许多方面都依赖于数字技术。一个能够编程的人也能够操作并且定义计算如何与个性化过程关联。它帮助我们了解在日常生活中计算是如何体现出来的。我们将在本章的剩余部分讨论这些问题。

许多人认为，计算机程序正在逐步取代一些中低收入的工作，并且在未来的工作场合，计算机化基本都会造成巨大的冲击。这一趋势被许多人忽视了（Cowen 2013；*Economist* 2014）。计算可以被理解成一种我们从未发现的环境，甚至我们一直置身于这种环境中，并持续不断地与我们进行互动，从而构建我们的体验。事实上，Stiegler（2009）指出：

> 与我们最亲近的东西，在结构上最容易被遗忘，正如水对鱼而言一样。环境被遗忘了，因为它在主体面前隐去了自身。正如亚里士多德（Aristotle）所说的"不要注意到一个潮湿的身体触碰了另一个潮湿的身体"，水是鱼一直看到的东西，也是鱼一直看不到的存在，就像"水生动物"这样，我们对环境也是熟视无睹的。又或者像柏拉图（Plato）在《蒂迈欧篇》（*Timaeus*）里所说的，如果世界是由黄金构成的，那么黄金将是唯一一个永远不会被看到的东西。

今天，计算越来越难以被发现，它们被遮蔽或被忽视。不仅如此，当旧的媒体被转换成数字形式，并在这个过程中被转化成软件（或"软件化"）时，文化本身就会被转化成认知功能，因此使用和访问这些文化的可能性也在改变。Berardi 认为，如果没有这些功能，"计算将会仅仅成为自动化的流程。最终我们会发现计算被冻结和抽象成一个单纯的概念，这一概念脱离了团结、自治和共情等社会因素"（Berardi 2012：17）。对 Berardi 来说，认知活动将会因此失去其重要性，且遭受到他所说的"动荡化"（precarization）的影响。

这些趋势不仅仅是针对行业从业人员的。在数字人文领域，在人文学科的新形式中存在一种紧张关系，与层次和不稳定的新形式创造相关的是全职学者和短期合同工与管理监督者之间的差异和冲突。正如 Flanders 所言："越来越多的项目开始使用管理工具来促进 IT 组织内工作的监督和协调，也提供了对时间进行追踪管理的机会。这样倡导了一种组织文化，即任务的时间管理知识是有效而且关键的。"（Flanders 2012：303）

这些实践常常被应用到数字人文学科的学术研究中，创造了围绕学术工作的解释文化，并将战略理性行为和工具理性带入到学术研究中，正如Flanders所描述的：

> 电子表格……跟踪了项目，一定资金（时间、产品）的数量可以用于从其他来源购买等量的时间或产品，这些来源包括供应商、毕业生、顾问以及运行自动化程序的昂贵设备。时间和精力的精确量化允许（和激励）根据生产力和速度的指标对工作进行更直接的比较，并提出一种管理意识，可以发现在可用的资源范围内完成相同的任务的所有不同方法。（Flanders 2012：304）

这些不仅仅是理论上的问题。如果数字人文学者不允许这些新形式的泰勒主义实践入侵人文学科的话，这些问题将会对数字人文学者产生深远的影响。数字人文学者不能再假装无视当代自动化、不稳定的争论与他们的实践和学科的相关性。相反，作为许多新技术应用的先锋，他们能够平衡这些强大的方法并且确保在人文学科中发展这些方法的连续性，这一点是至关重要的。这种意识和责任将在本书中作为数字人文的关键进行阐释，但在这里我们想说的是关键的技术实践对计算学科和信息学科同等重要。

作为回应，Berardi呼吁进行"起义"，正如"事件"可以激活"相关人员之间的团结、共谋和协作"一样，换言之"程序员、硬件技术人员、记者和艺术家"都参与这个信息过程（Berardi 2012：142-3）。无论这种"起义"是可能的还是仅仅算期望，我们暂时先放一边。请注意，由计算产生的这样的事件是不能忽视的。

数字人文具有独特的地位，可以为这一领域内的争论做出贡献，也可以在学科教育中通过添加计算技术教学，让学生们看到在文化中计算的力量（Berry 2012a；Reid 2012：357；Waltzer 2012：337）。事实上，Kirschenbaum认为:

> 今天的数字人文与学术活动(以及教育活动)有关,它以我们不习惯的方式被大众所了解。学术活动和教育活动以更深入明确的方式和基础设施结合起来,且与时时刻刻都生活在网络上的人有着更密切的关联。(Kirschenbaum 2010)

这包括对开放获取、文本的阅读与元阅读的计算技术以及数据和信息可视化的统计与算法带来的转变机会。这些问题往往与公共人文、侧重对民主化知识的关注、开放获取的形式以及对公共文化和公民社会更广泛的贡献等方面的阐述。

其中一个重要的方面就是文学新形式的发展,或者可以说是与计算相关,这与Berry(2014)所说的迭代类似。它还与发展反身性、批判性和解放的概念相关,这里的解放不仅是劳动的机械化,还有文化和智力普遍的机械化。理解机器创造了改变机器的机会,以及赋予公民能力去想象并判断事物的机会。

要避免让机器定义何谓人类,人必须指导自身的行为。正如20世纪60年代法国一家工厂的工人评论所揭示的,"在原则上,吃东西一定是因为饿了"。然而,当我们吃东西的时候,不是因为我们饿了,而是因为大脑基于生产力的差距认为我们应该吃东西(Stark 2012:125)。委托给机器的对物质和知识的生产过程将世界抽象成可以用机器代码实现的符号。它可能是一种"断开连接"的语言,一种让工人失去能力的语言,但也同时能让程序员和智力工作者失去能力。人们看到的不再是另一个人类个体,而是一个计算空间内相互作用的对象之间的抽象和谐(Berry 2014)。当然,这是一个具象化的时刻,代码和软件可以作为意识形态的屏幕,反映市场活动和效率的严酷现实,以及通过这些软件化导致的无休止的工作[3]。通过发展一个学科

（例如文化批判和数字人文）引起对这些问题的关注，可以有助于在人文领域产生新形式的知识和实践，也有助于培育具有批判自省能力的公民。他们可以在公民社会、政治和有利于公共利益的学术知识创造过程中运用这些计算知识。

　　我们可以根据 Wing 的理论看待计算思维，它是一种在很多方面都需要开发的技能，也是一种应对挑战的办法。有效地使用计算机和代码需要通过操作计算机来培养。但是，就像 Wing 和其他人所讨论的那样，计算思维是一套离散的方法和技能，是一种思维模式，可能会完全改变人们对知识和观点的思考方式。计算思维具有创造计算认识论的潜力。Fitzpatrick（2011）设想了一个不远的未来可见的场景，个人研究成果的出版与纸质出版是联系在一起的。网络化的计算机开启了一个不同的时代，在这个时代，全球研究人员在线上合作研究问题，将他们的研究结果添加到一个包含共同知识的数据库中，这与维基百科没有单一作者的情况下包含一定的知识是不同的。Acord 与 Harley（2013）以及 Pochoda（2013）发表了类似的观点，但也指出当前的体系在本质上有相当大的力量在对抗这种变革。然而，即使 Fitzpatrick 并不是完全正确的，现在我们也更清楚的是，那些希望在计算思维和计算认识论的时代里展开批判的人，至少需要对计算机的一些工作原理有一定的了解。虽然我们不希望参与一个简单的"理论或技术"的辩论，但相信我们已经意识到，对不同级别的计算进行批判性理解是数字人文的先决条件，而这只能通过积极参与实际的计算机系统实现，并且需要结合物质实践提供的理论见解从哲学层面上思考计算的局限和影响。

第四章
知识表示与档案

Tim Berners-Lee 发明的万维网使用的 HTML 语言基于 SGML，但并没有严格遵守 SGML 规则，它允许表示标记与逻辑标记混合使用。为解决不严谨问题，万维网联盟于 1999 年提出了可扩展标记语言，现在被广泛用作各类应用程序（如微软的 Office）的文件格式。

正如我们看到的，数字人文最直截了当的一种解释是，将计算原理、过程及机制应用于人文学科领域。广义的"文本"（texts）包含所有的物质文化形式，如图像、书籍、文章、声频、电影、视频等。早期数字人文的很多工作集中于传统人文文本的计算化转型。例如，通过数字化项目，生成数字档案和数据库，对文本进行标注，以便于计算分析。然而，数字人文也不得不接纳新型的数字馆藏和档案，如 Web 本身及其归档文件（以 Internet Archive 项目为代表）。这些档案与数据库通常由元数据（关于数据的数据）组成，一般都是些人类难以辨认的可计算材料。

尽管"数字人文"这一概念相对较新，但它其实是早期"人文计算"的延续。以前大部分工作都围绕人文学者的研究工作展开，包括档案建设、基础设施建设和开发数字工具等。作为其中的一部分，构建全面且详尽的档案这一想法逐渐推广开来，对文本作品使用 XML 和 TEI 进行标记（20世纪80年代），围绕各种实物创建元数据，构建易于计算的人文语料库，以支持新型计算启发式的应用。

人文研究的对象是人造的文本和图像，以及最终用语言或图像客观表示的知识。计算机既不会阅读也不会理解，但我们也可以发挥计算机的特长。数字文件可以在无限复制的同时，保证与原始（第一个）文件一模一样。数字文件还可以经压缩后发布到互联网上，供全球网民访问。艺术品原件随时间会褪色，硝酸胶片易燃，数字样本则更容易保存，分发更灵活，也可以多次拷贝。当数字样本采用数学形式表示时，计算机就能以闪电般速度执行重复计算和操作。数字人文也试图考虑数字形式的可塑性，以及表示与调制的新途径，这被称为记忆与档案的"数字折叠"，能够以一种全新的方式走近文化（Berry 2012a：2）。

为了能在人文主义研究中驾驭这股力量，研究资料必须进行数字化表示，就像 Willard McCarty（2004）主张的那样，创建数字模型。[1] 当模型创建好之后，运用算法对其进行搜索和计算。Minsky（1965）认为：对于观察者 B 而言，对象 A*是对象 A 模型的扩展，B 可以用 A*回答他对 A 感兴趣的问题。模型不是对象本身，而是研究者所关注的该对象某些方面的表征。McCarty 解释了其在数字人文中的含义，计算机模型需要完全明确化和绝对一致化，建模系统必须具有交互性，研究者必须有能力操作模型。模型可能是作品的具体文本（语词），或是传真、数字照片或录音。另外，模型还可能包含作品的有关信息，即元数据。例如，ELMCIP 知识库本身是一个电子文献目录，包含上千个作品的标题、年份、作者（国籍、性别、居住地和出生地）、出版者、语种、媒介载体、展览历史等（ELMCIP 2015）。虽然该数据库不包含作品本身，它实际上就是电子文献领域的一个模型，也算研究者对档案记录感兴趣的研究方面。任何计算机模型不可避免地都是对现实的简化。虽然可以利用模型进行计算，借助计算机开展研究，但它们也会忽略一些重要细节。然而，这些细节一直是几个世纪以来人文学者关注的焦点。因此，许多学者反对数字人文。那些受过精读训练的人可能对遥读没多大兴趣。尽管较粗略的遥读可以获得一些知识，并得到一些问题的答案，但这不足以说明遥读可以取代精读，遥读应作为精读的补充。相反，我们要清楚，技术方法无法捕获数字资源的所有细节。在 ELMCIP 数据库中，首先关注的是数据库如何建模。哪些作品应收录其中，哪些作品不应收录，以及该模型在应用支撑上怎么才算是"完整的"。计算机在许多方面都将文本视为相似的、无差异的，而人文学科则常常关注成就文本唯一性的许多细节。

　　如前所述，数字人文的一项早期工作是托马斯·阿奎那作品的重要词汇索引。Robert Busa 编制的"托马斯作品索引模型"是基于托马斯·阿奎那的语言进行划分的：明确的词干和词目，所有的词尾变化都可排序。Busa

（1980）和Winter（1999）的研究发现，词目sum的词尾变化词有sum、es、fui、fuisti、essem、esses、fore、futurus等，以及对应出现的词和短语。在有些情况中，两个或两个以上的词是形近词（homeographic），拼写一样，但分开来的话，需要根据不同的词目进行分组。最后，多个词的复合表达被组合成一个词目。例如，mortuus est（Winter 1999）。学者可以通过这样的词汇索引在托马斯作品中研究托马斯如何用词，而无须按顺序阅读。Busa（1980）指出，明确的词目列表编制并不费事，他认为有必要将拉丁语义学推向前所未有的高度。

类似地，1971年7月4日，在美国伊利诺伊大学材料研究实验室，Michael Hart将美国《独立宣言》录入到施乐Sigma V大型机中，并对外提供访问。[2]有人将其称为第一本电子图书（Hart 2008；Lebert 2008），这也是Hart创立的古腾堡项目的第一份文本。他原样拷贝了约翰·邓拉普（John Dunlap）于1776年7月4日出版的《独立宣言》，这是托马斯·杰斐逊（Thomas Jefferson）手稿丢失后第一个印刷版。哪份文件才是"原件"呢？《独立宣言》的原件一直存在争议。很多学者致力于识别与保存这篇文章的早期版本，比如，托马斯·杰斐逊的草稿（经校对），或是8月2日之后的《书写本宣言》羊皮手写稿，内含56位国会议员的签名。

无论哪种情况，Hart的《独立宣言》电子版都是原始文本的一种模型。通过研究它，感兴趣的学者可能会从原始的《独立宣言》中学到很多用词和语汇含义方面的知识。然而，他们可能无法了解《独立宣言》邓拉普版、《书写本宣言》羊皮纸手写稿或杰斐逊草稿的外观。如今，美国国家档案馆的网络服务器提供了这些文件的高分辨率图像，这些文件构成了《独立宣言》的其他模型。一方面，图像记录了更多的视觉外观；另一方面，图像文件中的文字不能像文本文件那样轻易地用算法处理。

写作是语言转录和固化的工具，几千年以来已经证明了其巨大的作用。数字文本是写作方式的进一步发展。字母表中的每一个字母都被转换成对应的计算机代码，字符串可以在计算机中存储和检索。但是，许多英美项目的一个重大缺陷是，倾向于采用英语字符集。在当今全球化的视野下，仅使用英语字符集是不够的。虽然英语使用罗马字母，但西班牙语、法语和意大利语的字母上还有各种重音。斯堪的纳维亚语包含别的字母，如 æ，ö 和 å，而波兰语字母则包含字母 ą，ć，ę，ł，ń，ó，ś，ź 和 ż 等。Hart 的古腾堡项目使用字母数字化的第一个标准——7 位 ASCII 码。由于只包含英文字母，因此无法对斯堪的纳维亚语或波兰语字母进行编码。[3]这只是冰山一角，许多语言都存在这样的问题，如希腊语、泰语、日语和汉语等。Unicode 是真正意义上全球标准的首次尝试。2015 年发布的 Unicode 8 虽然还未做到全语种覆盖，数字编码压缩效率也存在问题，但它包含了来自不同语言的 12 万多个字母和字符。事实上，当下许多数字化文档都采用 ASCII 码（如古腾堡项目的编码），无法支持记录世界上的许多语言。因此，数字人文学者可能会首先考虑字符的编码问题，也就是采用哪一种字符编码方案，这会对项目的后期发展有重要影响。

写作的基础模式是字连着字，词挨着词的序列。从卷轴时代到当代的作品，包括亚里士多德的著作或圣经，以及大多数现代小说，都是一页一页的，并且看上去是没什么变化的重排（reflowed）。然而，不同的书写材料（即书写材质）确实有不同的特性，其物理特性会影响作者的写作，作者也可以有意识地运用书写材质的特性或其他信息。例如，用笔和墨水写作与使用文字处理器相比，情感和技巧都有所不同。在法典或书籍中，页面对于参考引用和把握书籍中的信息脉络都很重要。例如，新章节通常从新页面开始，页码用来定位段落。页面边缘信息、脚注、插图和提示也与该页相关。

另外，诗歌以及一些其他作品的页面版式都有其特定含义。威廉姆·布雷克档案（William Blake Archive）项目从一开始就得解决这些问题（Eaves et al. 日期不详）。Blake是一位艺术家，致力于文字与图像的结合，是版画和印刷时代真正的多媒体先驱。《塔木德》和《古兰经》上一般会印有历代人物的旁注，这些旁注必须与正文保持一定的空间关系。

数字藏品将面向空间的材料编码表征在计算机中，通常会采用标记和文本编码方案，这是一种将元数据包含在文本中的数据模型。从历史上看，存在两种类型的元数据：一种是关于文本如何排版的信息（粗体、居中、对齐问题等），另一种是关于文本元素是什么的信息。大多数理论家认为后者更加灵活，更适合选用。通过编写规则，指明每类元素在打印或其他输出中进行格式化，与此同时，有关文本的逻辑结构信息也可另作他用。

大多数标记语言都符合瑞尼尔（Renear 2004）提出的内容对象有序层次结构模型（Ordered Hierarchy of Content Objects，OHCO），即文本行组成段落，段落构成小节，小节构成章。OHCO模型的关键在于，标记应该描述出文本的逻辑组织结构，而非视觉呈现方式。章节有编码，翻页或栏目原则上无法编码，但不排除有例外。

逻辑化的标记语言和OHCO模型有许多优点，Renear对此有过深入而详细的论述（DeRose et al. 1990），他认为这个模型很先进。然而，需要注意，这是一个数据模型，与其他模型一样，有特定的适用性，并非适用所有的应用程序。OHCO模型意味着任何文本都可以描述为层次结构，这种描述用途广泛。它还暗示着研究者感兴趣的是文本的逻辑结构，而非纸张或屏幕上的物理表现形式。当然，研究者可能对中世纪僧侣在手稿中如何分隔词语的问题感兴趣，并将其与现代排版进行比较，因此需要对列分隔符、分页符甚至换行进行编码。这也可以构造成另一种有序的层级结构。虽然可以将其与逻辑代码一起标注，但两者不属于同一层级结构，这是因为它们的类目会重叠。对这种特殊情况进行建模有一定的难度，每种数据模型及其相应的编码都有其适用性，都有其特定的优势和不足，不恰当的使用可能会错误表现作品或文本的固有特征。

编辑经常使用笔墨对手稿进行标注，在书页上插入更正和格式化方面的注释。数字标记源自这一传统，但在早期主要是标记出逻辑层次，而非表现形式和布局方面。标准通用标记语言（Standard Generalized Markup Language，SGML）是第一个标准化的标记语言。SGML 最早由 Charles Goldfarb（IBM 早期通用标记语言 GML 的开发人员之一）领导的委员会开发，之后于 1998 年由国际标准化组织颁布为国际标准。SGML 本身不是一组标记，而是一套关于如何编制标记语言的规则（Renear 2004）。

Tim Berners-Lee 发明的万维网使用的 HTML 语言基于 SGML，但并没有严格遵守 SGML 规则，它允许表示标记与逻辑标记混合使用。为解决不严谨问题，万维网联盟于 1999 年提出了可扩展标记语言（Extensible Markup Language，XML），现在被广泛用作各类应用程序（如微软的 Office）的文件格式。将 XML 用于存储应用程序的数据，这也是许多万维网嵌入式程序或 JavaScript 程序的常见用法。XML 还可以用于存储矢量图像数据，如可扩展矢量图像（Scalable Vector Graphics，SVG）文件格式。XML 有两个主要特征：其一，可扩展性，即所有用户都可以自主定义标记集合；其二，文档需要"格式规范"（well-formed），也就是说任何标记片段都必须完全包含在另一个标记片段中，而且一个 XML 文档只能有一个顶级元素。

XML 是 TEI 推荐的标记语言。TEI 是一个国际组织，自 1987 年以来由美国大西洋两岸的数字人文学者共同开发，截至 2016 年，该组织已有 60 个机构成员。TEI 属于联盟性质，由成员们共同开发和维护数字形式的文本表征标准。TEI的主要成果是关于机读文本的编码方法指南，主要面向人文学科、社会科学和语言学（TEI 2015）。TEI指南给出了一组用于标记数字文本的XML模式。所有的TEI文档都有一个头标元素（header element），里面记录了元数据信息。头标中的信息至少包含作者、标题、出版者、文本源的描述等基础元数据。除此之外，还可以包括文本的编码方式、文本有关内容、文本创建方式以及修订信息等。对于文本本身而言，TEI文档还包括段落、引用等其他信息。编码器根据不同类型混合使用不同模块，所有编码都试图以详尽的方式标记文本，另外也可以引入新的编码和模块。由于可用的模块由各个社群开发，它们反映出数字人文项目中开发的馆藏类型，如诗歌、戏剧、口述转录、词典、手稿、复制品收藏、作品评论版、语料库等。另外，还有处理特定类型的图像模块，如表格、公式、乐谱，以及那些直接使用XML表示图形模型的特定模块，它们不使用其他任何图形格式。

标记语言用途广泛。虽然它们已经在许多数字人文项目中成功应用，但并非没有使用问题，如令人头疼的编码标记重叠问题。所有的标记语言都源自SGML，要求元素标记不可以重叠，必须遵守且符合OHCO原则，但这并不一定适用于所有文本类型。并非所有文本都能形成内容对象的序化层次结构。Jerome McGann（2004）指出，重叠是不同本体合并造成的一种结果。语言是自创生（autopoietic）系统，对语言的任何观察和批评都需要用语言表达，并反馈给语言和批评。OHCO这样的模型是非自生的（allopoietic），假设观察者处于观察现象之外的一个位置，如天文学家用望远镜观测宇宙。根据McGann的说法，文本研究的非自生模式由于忽略了语言的本质，最终结果会不准确。McGann的论点很重要，实际应用中这是多么大的一个问题，疑惑依然存在。OHCO模型适合许多研究项目，要不然数字人文就没有那么大的吸引力了。McGann举了一个反例，文本分析的多维标注工具很吸引人，但这只能在一首诗歌的精读中体现其价值。这肯定是数字人文的一种研究类型，但它与标记设计的项目是两码事。他的理论模型及系统可能对数字批评版与大规模文本分析没有太大的帮助。

与之相反，TEI指南及其社群则发展前景广阔且表现不俗。本章中提到的绝大多数关键因素都得到了认可，也有相应的解决方案。举例来说，原始来源的表征模型是对原始文本结合数字转录生成的数字图像（包括传真）的标记。这种严谨性导致的实际缺点是，文本编码的工作量越来越大，进而标记需要描述的细节也越来越多。这就使许多数字人文项目不得不在编码粒度和严格程度上做出让步。详细的编码需要时间，容易出错。例如，使用光学字符识别OCR软件，需要进一步修正，这很费时费力。Hitchcock（2013：14）针对Burney馆藏有关问题指出，虽然我们认为我们搜索的是报纸，但实际搜索的是隐藏在低质量图像背后的、已标记的、不准确的文本表征。对OCR无法进一步修正，这只是过度依赖关键词搜索本身所引发的一系列更广泛问题中的一个例子罢了。因此，选择一种标准的编码实践，配合细致的扫描、翻译和校对，并不是必需的，不要将其视为项目早期做出正确设计决定的灵丹妙药。

有关数字人文的XML/TEI编码之争，体现在数字人文项目所隐含的数字形式主义有关的多种公开表述中。这些表述可能过分关注计算能解决的问题，以及试图将其他项目简化到此框架下。一种数字人文研究倾向是，通过强编码范式来研究人文，主张知识表示是该领域的核心活动。虽然不希望降低良好编码与标记实践的重要性，但在数字人文的强编码表达中，其他的都是补充。与此相对，我们认为，在数字人文项目中弱编码是一种更实用的方法。它保证了一般意义上编码的重要性，权衡了编码的质量与全面性，有了一定程度的良好实践。换句话说，我们并不认为数字人文中完美与良好是对立的。这一点常常不被认可的原因是，通过计算重新配置一个学科的所属概念集，极易受到数据库思维的影响。

数据库是最常见的计算机模型，绝大多数的数字人文项目都会使用数据库。虽然数据库很强大，可以做很多事情，但需要有良好的设计做支撑。数百万条记录可以在不到一秒的时间内搜索、过滤和排序，但仅限于表格和若干行中的数据。数据库背后的基本假设都是，所有的记录都是相似的，它们可以用相同的属性来描述。这种对相似度的关注可能会忽略掉每条记录的独特性。数据库设计给定了数据结构，之后要添加一列（字段）的话，需要对整个数据集进行操作，也就是说每条记录都要添加这个新字段。所有人文项目都需要认真考虑如何创建数据模型。

根据 Alan Bilansky（2016）的观点，数据库改变了学术。在数字馆藏之前，历史和文学存在的一个主要障碍是无法访问旧的文献。Bilansky 认为，这些文献以缩微格式保存，也仅限于知道有这种存在而已。通过关键词和短语搜索数据库，跟阅读是两种截然不同的行为。Bilansky（2016）总结了许多领域的数据库搜索方式，他认为，现在如果不能访问文学数据库将无法开展研究。数据库代表了一种新的文本形式，学者们开始依赖它、使用它，逐渐形成新的阅读方式。然而，搜索功能才是最具革命性的，而非数据库本身。他指出，很多项目的搜索功能是事后作为补充而添加的。几乎没人注意到，搜索已经改变了许多重要的人文学科。搜索是档案最初设计的一部分，如早期英语书籍在线项目（Early English Books Online，EEBO）。另一个例子是女性作家项目（Women Writers Project），让科学与技术研究者一遍又一遍进行数字化记录。新技术通常会根据设计者不同的想法实现应用。数字人文项目需要谨慎考虑技术及其如何支持人文研究。

数字人文项目与计算环境关系密切，特别是在选择技术系统、编程语言、数据格式方面。网络上"数字存在"（digital presence）的需求也很复杂。在一些项目实例中，许多数字人文项目变成了"踟蹰不前"的网站。这种技术主义往往是只借助技术方法，而没有体现人文理念。从技术和计算得来的"伪精确度"看似很吸引人，但系统构建确实需要技术化、系统化框架来设计和实现。前者过早地陷入技术泥潭，后者在设计和实现这些系统时需要谨慎处理和批判式反思。当然，项目的财务支持状况会导致项目为赶进度而马不停蹄，对于计算型项目，时间就是金钱。此外，项目团队的技术成员一开始就跃跃欲试地开展编程工作，过早地准备其技术框架，这对项目来说，可能并不合适。

在这种情况下，人文学者很难掌控项目开发进度，也很难对关键技术实践提出建议并对关键理念和想法进行扩展或质疑。当然，风险也随之而来，通过否定批判人文主义者的立场而创建的数字人文项目，无法满足更广泛的学术交流需要，也存在设计不良和不具备可扩展性的技术实现问题。此外，这也是"数字人文孤岛"问题出现的原因之一。技术思维会导致项目在建设过程中变得孤立，不与外界沟通。技术项目也经常充斥着各种缩略词（如THATcamps的全称是 The Humanities and Technology Camps）、晦涩的概念和命名约定，更不用说程序代码本身了。

来自不同角度的批评包括，担心数字技术会破坏和重新配置人文学科和数字人文学者在他们的研究项目中使用的文本，以及将这些文本重新表示成片段形式，并常常与其他文本片段进行重新排列和交错组合。当然，数字化带来的跨学科性和互文性（intertextuality），在数字化和电子文学中的新形式写作中已经多有评论，甚至被创造性使用。然而，Stiegler（2013）指出，一种新的方式开始破坏"学科和常识（理论知识）的长回路（long circuits）"。在"长回路"中，Stiegler指出，文化存在于物质载体中，例如，书籍、电影、档案和图书馆，这些需要重新阅读和再思考，才能构成我们日常的文化。在"长回路"之外，当没人思考这些问题时，这些想法和理念就会丢失。由此可见，如果我们过度依赖遥读，文化的"回路"不再容纳我们，我们就与文化疏远了，因此也不会代替我们去思考这些事物。算法本身在人文研究中的运用趋势，只是用于解决与人文学科传统相关的工作问题，即诠释——写作的解释。如果我们不再描述一种方法，例如，通过数字人文得到的一致性来辅助阅读，实际上这是计算媒体中的算法逻辑，无须从较短的对应事物（counterparts）中重构"长链"，则我们对文化的理解是不完整的。Stiegler认为，这会给社会带来严重危险，理由是解构（deconstruct）了人们所建立的教育和学习的整个结构。作为一种补救措施，他提倡反制品的制造（creation of counter products），这有可能重新将奇点（singularity）引入文化体验，并以某种方式将消费的必要性与需要性分开。

因此，在一个难以辨认的新时代，有可能我们不再阅读我们自己写的东西。我们越来越依赖数字技术来写作和阅读，作为算法铭文（algorithmic inscription）的一种形式。不仅是新的语法形式，我们正进入一个新阶段，语法过程产生符号和离散的表示单元（discrete representational units），即便它们是技术设备监控和跟踪我们而生成的，对我们而言都是不透明的。正如Stiegler的观点，数字技术创造了流式语法过程，作为一种离散化过程，如语言流或工人身体的手势流等，这成为可能……技术的再现性……控制。因此，同样，短回路组织处于超个体化组成的长回路之中（Stiegler 2009：40）。

事实上，数字化对人文学科造成的问题，通过Lakatos（1980）提出的人文学科"硬核心"得以解决，未说出的假设和本体论基础支持着人文学者日常进行的"正常"研究。例如，诠释性地存取"文本"概念是基本的构成要素。数字人文试图用精读和遥读来解决这些问题，特别是在小文本和大文本方面相关的实践。然而，在处理计算机生成数据的解释方面仍然存在不足，尽管数据中包含一些内部结构、意义和叙述性（限于某些情况），但它们的结构还是"链条式"的，不利于人类记忆和理解。

这种超个体化的过程，通过人文教育等实践，为思考的可能性创造对应的心理结构。它们是个体"成熟度"发展的要素，也是道德、智力与知识的集成形式和教育的组成部分。Stiegler（2013）认为，通过超个体化，"为自己思考"的能力得到了发展，他已经习惯于总结"什么是有意义的活法"，这也是人文学科传统关注的问题。现今正处在不稳定和解构时期，Stiegler认为，当前的数字化构建，破坏了注意力、记忆力、专注力和智力的发展，因此有必要将所谓的计算思维重新联结到周遭更广泛的社会问题和数字实践。

至此，本章论述了写作方面，而很多数字人文项目关注非语言的视觉和听觉材料的数字馆藏。借助先进的数字设备对艺术品进行拍照或扫描，研究人员通过各种复杂且强大的界面使用数字化图像。得益于最新技术使用超高分辨率的相机，像贝叶挂毯这样的作品显示放大可以达到毫米级别，抑或缩小后全部显示在笔记本电脑屏幕上。这种远程观看被视为无新意的体验，缺少 Benjamin（2002）指出的实际事物的光环。但是，与之相矛盾的是，让原本只能在房间里观看的实际挂毯，通过接入互联网的远程计算机也能看到。

复制品至少有三个功能：首先，要保护原始作品，数字拷贝可以降低对老旧、濒危文献的操作处置，而且数字版本也在原件不幸被毁坏后得以保存下来；其次，数字复制品可以通过互联网远程访问，研究人员不再需要实地到访另一个城市或国家的图书馆来查看原件；最后，复制品可以实现海量文献的机器辅助视觉分析。例如，Manovich的文化分析，后续章节会详细讨论。

不同类型的可视化效果作为研究项目的成果呈现，如地图。地理信息系统（geographical information system，GIS）是可视化软件与数据库的结合。GIS可视为数字地图，其基本原理是：空间中的点可以表示在地图上，点与点之间的关系得以保存。在大多数地图中，关系是指x轴和y轴的笛卡尔关系，其中x表示东西，y表示南北。在地图上可以测量点A和点B之间的距离和方向。一个基本难点在于，由于地球是圆的（或球体），大多数地图是平面的（纸质或屏幕显示），所以特定的投影操作是必需的。在笛卡尔网格中，不同层上可以添加大量信息，如建筑物、陆地、海洋、植被、道路、边界、海拔、海洋深度等。

GIS将地图绘制功能与数据库分开处理。地理信息以纬度、经度和海拔的形式存储在数据库中，并以矢量化形式表示这些坐标。在这种形式中，GIS存储的信息包含海拔、植被和建筑物等。数字人文项目通常将其他数据库与GIS连接起来。对象目录可能包含纬度和经度信息，将它们置于地图上。如果内部坐标系统是球形的，计算机可以实时计算投影，让用户保留原有数据的同时切换投影方式。数据可以包括对象在哪里被发现，语言出自哪里，或民间音乐记录的片段等。

考古学家是地理信息系统的早期使用者。野外考古学家会竭尽所能记录有关挖掘的数据。挖掘一旦开展，就无法重做。拆除的地层不能放回让下一位考古学家再挖一次。唯一的方法是尽可能多地记录和保存挖掘地点的信息。在20世纪70年代，一些人开始将实地考古记录存储在数据库中，这类数据库后来与GIS相结合。极少数（即便有）人文项目会单独建立地理信息系统，不依赖已有系统，仅与自家数据库结合，使用位置作为索引键。近年来，越来越多的大型系统使用公共 API 接口，例如，Google 地图和 Open Street 地图，易用性很强，越来越多的研究人员开始使用 GIS。

当大量数据呈现在一块区域地图上，GIS 可以对地图上的物件进行多样的可视化呈现，用于不同的分析。然而，无论信息的详细程度和内容丰富度如何，这些激动人心的可能性与系统里的数据好坏有关。Eiteljorg（2004）指出，可用的数据，无论是地图还是表格，都取决于提问，令人担忧的是，有些提问根本就没问到点子上。

3D 物体，如雕塑或历史物件，也可以进行数字表征，并存储在数据库中。最简单的形式是围绕物体拍一系列照片，然后将它们在计算机中组合（"缝"）在一起，映射为圆柱体形式。操作界面允许用户转动圆柱体，给人一种旋转物体的印象。如果将物体所有侧面的照片拼在一起，则可以在任何方向上自由旋转物体。这种表示可以很好地让人感知物体外观，但不能用于除视觉表示之外的其他目的。对网站访问者来说，这可能是他的期望所在，但研究人员可能还有其他诉求。例如，测量模型，或将它与其他模型放在一起，以拼出某个历史时期的画面。然而，研究人员将计算机辅助设计（computer assisted design，CAD）软件用于此目的。CAD 软件可以创建 3D 物体的数值表征，这些表征在屏幕上从任意角度（甚至从内向外）、距离、固体以及曲线和表面进行可视化表征。可视化也可在纸上打印输出，3D 模型可由铣床或 3D 打印机制得。

考古学家在记录考古发现和遗址时广泛使用 CAD 软件创建历史模型。Eiteljorg（2004）认为，从某种意义上讲，CAD 模型是对历史曾经的记录，包含调查中已知的所有尺寸和几何形状数据。而从另一种意义上讲，CAD 模型着手于重构缺失部件或历史阶段，制作逼真的图像或构想宏大的整体、城市景观或风景。

重建不仅仅是尺寸，还要重建不复存在的事物的外观，重涂模型表面。商业CAD软件包括许多不同的表面纹理可供添加到模型中，但这些纹理也只是与真实材质近似。CAD软件主要是为设计新产品的设计师所用，看上去更光鲜亮丽，但缺乏年代感。要记录已有物件，为CAD模型添加照片的做法是可行的，即将CAD模型方法与摄像方法相结合。

CAD模型的另一个优点是，它们可以导出文件，导入其他可视化软件，甚至是虚拟现实应用软件。

举例来说，在布朗大学的自动化虚拟环境项目CAVE中，CAVE是一个四面墙上有立体投影的房间，佩特拉古城挖掘的文物通过3D模拟置于其中。佩戴3D眼镜的用户可以看到3D物体似乎处于房间里，用户甚至可以四处走动，从各个角度研究它们。佩特拉项目扫描了已发现的文物，并为它们创建了数字3D模型。由于CAVE对挖掘现场进行建模，每个文物3D模型所处位置都与现场发现的位置相对应。通过按下用户界面上的按钮，移除整个图层，下层的物体就会显示出来（Acevedo et al. 2001）。

另一个例子是挪威奥斯陆大学的SitSim项目，该项目将CAD模型导入Unity软件，这是一款用于游戏设计的软件引擎。与虚拟游戏世界建模不同，研究人员在移动设备上，通过AR（增强现实）应用重建了历史遗址。在SitSim的阿庇业大道游览中，用户可以沿着罗马最古老街道阿庇亚大道走一段路，移动设备会显示屏幕所指方向的西塞罗时代街道的模样（Liestøl 2014）。

对考古遗址采用AR或VR（虚拟现实）技术模拟是可视化模型聚合的典型例子，可用于进一步分析。可视化分析本身对于思考人文研究问题可能是非常重要的。Moretti（2013）的研究给出了一些轶事证据，通过剧中所有角色的关系网络图去理解Horatio在莎士比亚的戏剧《哈姆雷特》中的角色。

网络分析是一种方法，在数字人文中可用于研究关系网络现象。节点和边共同组成了图。节点（也称为顶点或点）是网络的基本单元，可以表示人，也可以表示群组、艺术品或其他非人类实体。节点之间的关系称为边（弧或线），在网络图中绘制为连接线。

链接分析是网络分析的第一步，需要生成关联矩阵，即不同实体的矩阵，其中可以记录它们之间的关联。当链接被编码后，网络图就绘制出来了。然而，实际上这不是一件简单的事情。链接分析通常需要该领域的专门知识。尽管在开发自动方法方面已有大量探索，但链接分析仍存在困难，特别是处理大数据集方面。网络图一旦创建，就可以通过多种方式进行统计分析。[4]

近年来，网络分析方法在社会科学中非常流行，利用网络理论来研究社会群体。这与Facebook、Twitter、Amazon等提供公共API方便获取数据有着密切关系，请参见第六章数字化方法。网络绘图软件（如Gephi）的可用性也起到了积极推进作用。并非所有的研究人员都具备必要的数学知识来理解Gephi的统计方法，由此可能产生描述性和预测性的结果，或者是华而不实的可视化图表。

网络理论也被应用于叙事学，被称为叙事型网络分析，其思想是利用网络理论对大文本集合进行映射。网络是为了在叙事中使人物和时间形象化而创建的。Moretti（2013）将哈姆雷特的人物角色映射为一个网络，其中每个人物是一个节点，如果两个人物在剧中有台词对话，则这两人是相关的（相邻）。Roberto Franzosi（1998）的分析原理是搜索"主-谓-宾"（SVO）三元组。在许多作品中运用叙事型网络理论来映射叙事中的因果关系网络；另有一些对大量报纸文章进行分析，勾画出政治形势。例如，Sudahar等（2015）研究了200万篇报纸文章的语料库，根据选举时段进行筛选，然后解析语言本身，找到参与者及其活动，对100位最常提及的参与者及其关系绘制了网络图。

网络分析是一个成熟的领域。其他可视化分析方法也被广泛应用。例如，Boonstra等（2004）罗列了聚类树状图、生命线、日历视图、同心圆图及其他奇特的呈现形式（如词汇铅笔和透视墙视图等）。分析方法最新的发展是"文化分析"。它类似于遥读，可视为"鸟瞰"的一种形式。

"文化分析"概念是由Manovich及其软件研究组织提出的，旨在将基于计算机的研究方法（如数据挖掘、数据可视化以及可视化分析）引入文化数据和人文学科。文化分析的目的是创新方法，透过网上每天发布的数百万个图像和视频去研究当代文化。之前，文化理论家和史学家根据小数据集（如"经典好莱坞电影""意大利文艺复兴"等）得出理论和推导历史。但是，我们如何追踪"全球数字文化"？其中包括数十亿文化对象和数以亿计的共享者（Manovich 2009：5）。与那些研究大量文本的数字人文项目一样，文化分析利用图像计算分析，对数以千计的图像集合进行分析。通过Instagram等网站提供的API或档案的馆藏在线网站两种途径采集图像样本。文化分析模型包含了每张图像的量化指标。计算机算法评估图像的多个方面，如颜色分布、平均色调或纵横比。图像识别软件用来检测常见物体。例如，建筑物部件或者图像中是否有人像，如果有人像，姿势如何，头和肩膀的角度以及更多细节（Tifentaleand Manovich 2015）。然后，将得到的数据库模型转换成可视化模型。最有代表性的是使用缩微图像的图形排列。例如，在纽约现代艺术博物馆MOMA各种照片集的可视化中，根据摄影师、日期和图像的平均色调，对数千张缩微照片进行空间分类（Hochmanand Manovich 2014）。更传统的统计图表，如条形图和散点图，对描述型变量的分布进行可视化。例如，照片的时间和日期，以及与照片相关的主题标签及其他描述。数据以交互式图表显示在大型超高分辨率的显示器上。用户可以进行可视化交互，从总体概览切换到更为详细的局部视图，最终可以聚焦到单张图像上。

截至目前，该项目成果主要展示了该小组开发的可视化效果。在项目的当前阶段，新的可视化类型似乎代表研究的结束。在2014年乌克兰基辅革命期间，Manovich等（2014）对Instagram照片集进行研究，非常谨慎地认为，该研究没有针对性地谈论Instagram如何报告革命，或分析革命主题相关照片占基辅日常照片的比例。图表显示了基辅独立广场附近的图像分布，揭示了示威者和警察之间的冲突地点，以及基辅市中心照片的发布位置，但从这些图表中并没有得出什么结论。

文化分析的下一站将进一步对传统艺术史和视觉文化研究进行诠释。是否有可能先让计算机来解释，然后将结果汇总成新的知识，令其对更大的视觉文化社区既有说服力又有趣？事实上，定量可视化分析在数字人文中很有发展潜力，也是一个不断有新方法出现的领域。在写作阶段，这些方法借助数字工具和大型语料库可以做些探索性展示。之后，这些方法可以组合运用到那些正在建设的数字人文其他领域的大型馆藏上，方法与研究问题联系起来，对文学、艺术与历史提出新知，这将非常有趣。

几十年以来，标准化的共享模型存在于考古学和文学等多种学科中（Eiteljorg 2004；Renear 2004）。在处理或浏览数字化的数据时，赋予数据意义的编码非常重要，例如前面讨论的XML或TEI。为整个网络赋予普适编码含义的想法已成为现实，即今天的语义网。语义网是指有意义的数据网络，它本身可以由计算机处理，通过关联数据机制，将结构化数据发布到万维网上。这些数据进一步可以被链接和集成（Oldman et al. 2015）。语义网采用：

与网页相同的HTTP协议（超文本传输协议）和识别数据（统一资

源标识符（URI）或网络资源）的相似方法（W3C技术架构组等
2001）。但是，与网页的超文本标记语言（HTML）不同，数据网络采
用一种简单的元模型，即资源描述框架（RDF），仅由三个元素组成：
主语、谓语和宾语，通常称为"三元组"（Oldman et al. 2015）。[5]

Oldman 等（2015）认为，语义网与先前讨论的知识表示一脉相承，作
为表征和编码世界的一种方式，让计算机可以更容易处理。换句话说，关联
数据抛开了层级分类法，转向图和网络结构。以这种结构进行知识建模，不
仅能捕获知识领域的复杂性，也可以根据计算处理的需要，对其重新组织或
组装。因此，在保管数据时，使用语义网标准来重复使用并关联到其他数据
集、数据库和技术，特别是与开源和开放存取数据有关的，可能是一个有用
的设计原则。

关联数据能够连接到多个数据源，以复杂的方式进行比较、处理和重复
使用，很适合处理各种实时和历史的数据科学工作。另外，数据新闻学会使
用关联数据，并且更多以激进主义为导向的数据使用会影响政治和社会。在
批判数字人文中，如何拆分规范值还有很多工作要做，这些规范值反映了关
联数据算法数据结构中的模式和分类。事实上，知识分解为可组合和重组的
知识单元，这体现了计算型知识的本质。计算型知识将知识划分为非叙述性
信息分片，这些信息分片不借助应用程序就无法阅读、编码以及设计算法。
此外，关联数据和关联开放数据的政治经济性为人文知识向数据湖的转换提
出重要问题，这里的数据湖意指后现代社会的一种"石油"（Berry 2008；
Cohen 2010）。后续章节会回答这些问题。

这里需要再次强调，数字人文学科的理论视野可以被视为一个研究领
域。智力探究的一个重要新视野是规模问题。由此引出了人文学科各种方法
和手段背后的深层次问题，设计与实施数字方法以扩大人文学科的研究工

作，是一个复杂的过程（参见 Hayles 2012；Rieder and Röhle 2012）。这些问题的新解释范式需要谨慎设计、思考并开展理论和实践推理。从广义上看，规模不再是与人文研究的技术化及工作流程特征相关的临时即兴过程。相反，人文研究本身的项目属性需要扩大，与此同时，需对构成特定项目初始数据集的语料库进行重新思考。以前，数字人文分别谈及计算机和人，计算机擅长计数且具备机械识别模式，而人有直觉、创造力和意外发现力，这些需要重新思考。机器学习开始展现出以前认为的计算机无法胜任的能力。事实上，围绕数字人文产生了一种新的解释范式，在研究活动中形成了新的混杂类型，这意味着，解释和创造本身分布在数字人文项目周围，不仅存在于程序员和人文学者之间，还存在于部署的机构中，如思想、代码、算法和系统。

互联网与计算机原生能力的结合，也提高了对海量数据集（大数据）进行复杂处理的效率，以及对人类处理器的访问频率。例如，亚马逊的众包平台土耳其机器人、跑腿平台 Taskrabbit 等。这些新技术还支持团队工作模式，为人文学科提供了新的内涵——"大人文学科"。

随着计算机能力的不断扩展，计算机能承担更多工作。计算设备的一些新功能被视作"人类/认知性的"，不宜进行机械化处理。这包括文本阅读和复杂的计算过程，对复杂数据（如书籍、文章、论文等）进行分类与排序。事实上，借鉴科学中干预和实验的概念，计算机激进地将数字人文学者开发的此类工具视为"思维的望远镜"，向我们展示了一种新的"事物理论"（Ramsay and Rockwell 2012：80）。数字人文也与后人类主义相关。例如，计算主义、思辨现实主义、面向对象本体论（SR/OOO）、非人类转向，以及走向"非人文"。各类研究方式的研究议程似乎对人文学者来说非常有问题，特别是动摇"人"在人文研究的中心地位。

从某种意义上讲，数字人文在方法论上的争论与19世纪中期新康德主义相呼应，后者提出了一般规律研究和特殊规律研究之间的区别。一般规律研究是自然科学的一种研究方法，通过具体案例总结出一般规律。特殊规律研究是对文化和历史现象的解释，这些现象是个体层面上的，无法总结出一般规律。例如，模式与叙事的区别就是一般规律与特殊规律的体现。由于学生对实践这种方法"不感兴趣"，这也反映出精读的感知危机。类似的建模概念逐渐出现，"计算"从根本上被视为一种建模活动。任何建模者必须在一个领域与另一个领域之间建立对应关系。对计算建模者来说，一个领域通常是世界中或我们想象中的一种现象，另一个领域通常是抽象的或物理的计算机器（C.L.Isbell，引自Ramsay and Rockwell 2012：81）。

这些新工作在学术研究过程中专注于解释实践。例如，假设框架、观察、发现、分析、测试，以及假设重复检验。Liu（2011）指出，这些认知论和学科问题的例子包括线性文本与超文本、叙事与数据库形式、永久与短暂写作、约束与无约束形式、个体与社会阅读/写作、深层与浅层注意力、集中阅读与浏览、精读与遥读、固定介质与处理介质等。事实上，这就提出了一个问题，与后数字人文相关的研究项目可以做些什么？这关乎研究与实践、理论工作和对象构建、技术参与工作和关键技术实践等（Cecire 2011a，2011b）。这似乎与Drucker和Nowviskie提出的思辨计算理念类似。他们指出：思辨计算扩展了认知，从系统内部进行解释，而非系统外部。思辨方式使得主观解释在数字人文的研究过程中占据一席之地，而不仅仅是在结构方面发挥作用。当这种情况发生时，结果将超出描述性、生成性和预测性方法，成为推测性的。新的知识由此产生（Drucker and Nowviskie 2014：442）。

本章简要介绍了知识表示的有关问题与相关实践。当然，本书也只能粗略勾勒出技术和争论的大体轮廓。网络上和教科书中有很多资源可供参考，以加深对数字人文中重要问题的理解。

下一章讨论数字人文研究的基础设施问题，将基础设施作为研究或其自身的一种可能性条件，以及构建特定数字基础设施的新可能性。

第五章
学术研究基础设施

"我们在数字人文和大学中显而易见的一个问题是大学的基础设施不愿或没有能力支持那些它声称想做的、有价值的工作，这是一件有趣的事情。"（Leon 2016）

在本章中，我们想花一些时间思考学术研究基础设施是如何支持并实现大学的研究和教学功能的。正如帕克斯（Parks）所言，"基础设施"一词"作为一个集合名词出现于20世纪初，指一项工作的从属部分：底座，基础"，就像"工程师所说的'你可以踢的东西'"（Parks，2015：355）。举一个最基本的例子，学者和学生需要使用图书馆集中提供的一套研究设施来进行研究。图书馆的构造、资金、人员数量、学科范围、资料数量、组织结构和日常运作情况都会对大学的研究活动产生深远的影响。因此，研究基础设施的提供、形式和资金对于获得正确的研究结果是非常重要的；反之，则很容易对研究活动产生不利的影响。在数字人文领域，以及大学里越来越多学科融合的背景下，数字资源和数字研究基础设施的提供变得尤为重要。但是，决定提供这些数字服务可能会引起争议——因为这些服务不仅费用昂贵，而且还会从现有的投资重点和研究基础设施上挪走资金。此外，它们也并非毫无风险，如果发展不当，确有可能导致巨大的失败或带来沉重的负担。

但是，将研究基础设施作为分析对象可能比单纯提供集中式的研究基础设施适用范围更广泛。例如，院系是一个重要的研究基础设施，其为在同一领域工作的研究人员创新提供利于其成长和支持的共享环境；同样，大学里的研究中心经常扮演着 个超越院系和学科界限的特别的跨学科机构。数字人文同样处于不同机构、不同学科之中，因此，与同源的人文学科领域相比，数字人文也有着不同的研究基础设施需求。

对于数字人文和整个大学来说，人们越来越关注的一个问题是对数字技术的依赖，以及在大学环境中数量越来越多的供应商、系统、定制解决方案和数字媒体平台。这些系统已被广泛认为是研究基础设施本身，并作为数字研究技术强化了传统大学、研究中心、档案馆、实验室的现有研究基础设施。因此，现在的一些尝试不仅将大学里新的研究基础设施与现有条件结合得更紧密，而且还制定了集中化和合理化的政策，涉及整个大学的研究条件。但是，Leon 却指出："我们在数字人文和大学中显而易见的一个问题是大学的基础设施不愿或没有能力支持那些它声称想做的、有价值的工作，这是一件有趣的事情。"（Leon 2016）[1]

《欧洲研究基础设施路线图报告（2006）》概述了基础设施对于21世纪日益增长的数字研究需求的重要性。它认为："研究基础设施的定义，包括相关人力资源、主要的设备或工具集，以及诸如藏品、档案和数据库等知识蕴含性资源。"所以研究基础设施被定义为是"单站、分布式，或虚拟的……它们通常需要与数据管理相关的结构化信息系统，用以提供信息和通信。这些结构化信息系统包括基于技术的基础设施，如系统网络、计算设备、软件和中间设备"（EU，2006：16）。

我们认为欧洲社会基金（the European Social Fund，ESF）对"研究基础设施"的定义尤其有用，它将其描述为：

> 科学团体在各自领域内进行高端研究使用的设施、资源和相关服务，涵盖主要的科学设备或成套仪器；以知识为基础，用于科学研究的资源，如藏品、档案或其他内容；实现基于信息和通信技术的基础设施，如网格计算、软件、通信，或其他任何具有独特功能的设备。这种基础设施可能是"单站"或"分布式"（一种有组织的资源网络）的（欧洲社会基金 2011：5）。

数字人文学科与其基础设施之间，通过数字物质属性的方式紧密相连。数字的物质属性作为可进行计算的必要基础，在未来的数字人文学科迭代中，需要得到更多的理论性和批判性的关注。

但这并不是说研究基础设施对人文学科而言就是全新的。事实上，人文学科已经拥有了数百年的基础设施，并且对于人文研究而言，基础设施已经变得至关重要，"图书馆、档案馆、博物馆、美术馆以及其他社会文化遗产机构是具有内涵素材的基础设施，而且这些机构绝非是无形的"（Anderson 2013：10）。然而，由于这些机构渐渐作为大学、研究机构、图书馆和博物馆所提供基础设施的部分背景条件，许多学者对于它们是如何形成的，它们的资金来源以及它们为什么具有独特的形态、焦点、内容和主题组织，没有给予足够的重视。[2]相应地，在数字基础设施时代，这些问题被重新提出，并且需要人文学者在他们已开展的各种工作中认真对待，同时也要关注未来通过新形式的知识表示、知识中介和知识获取而实现的研究（Verhoeven 2016）。

数字人文中基础设施日益显著的重要性，以及基础设施与知识创造和解释的关系，这些被广泛探讨的话题可以追溯到数字基础设施的概念，尤其是通过 Atkins 等人概述的研究基础设施或"网络基础设施"的概念而得以发展（2003），并被美国国家科学基金会（the National Science Foundation，NSF）发布。这份报告明确了知识成果和生产力与数字基础设施投资之间，以及与经济竞争力之间的联系（Atkins et al. 2003）。这使得 NSF 建议首先设立一个科学工程部，同时促使国家人文基金会（the National Endowment for the Humanities，NEH）组建由布雷特·博布利（Brett Bobley）领导的数字人文学院[3]。这是一个"具有相当象征意义的举动……2008 年在美国国家人文科学基金会设立了数字人文办公室"（Svennson，2010）。事实上，这表明围绕工具和基础设施建设的思考，使人文学科中的数字学术成为可能。

对 Bobley 来说，数字人文"包括了开放获取资料、知识产权、工具开发、数字图书馆、数据挖掘、原生数字保存、多媒体出版、可视化、GIS、数字重建等，研究技术在多领域的影响，如教学和学习、可持续发展模式、媒体研究和许多其他主题"（Bobley，引自 Smith 2009）⁴。在欧洲，欧洲研究基础设施战略论坛（the European Strategy Forum for Research Infrastructures，ESFRI）在欧洲范围内提出了类似的观点，并从 2002 年开始积极致力于开发研究工具，研究发展的主要方向，并支持数字学术研究（Kaltenbrunner 2015：6-7）。但是，基础设施建设的研究必须谨慎对待，其复杂性和实施难度可能导致项目无法完成或未达到关键使用要求。数字基础设施失败的常见例子是 Bamboo 项目计划，该计划"最终未能在初始资助期结束时提供可行的设计说明，更不用说基础设施大范围使用的长期目标。"这被归咎于那些与学术界需求脱节的基金管理者和计算机科学家（Kaltenbrunner 2015：11；Ramsay 2013a）。尽管如此，在数字人文中的确有机构和政治经济力量在发挥作用。例如，美国国家科学基金会持续主张创建所谓的网络基础设施，并通过高级网络基础设施部门（the Advanced Cyberinfrastructure Division，ACI）的支持对其进行投资，该部门"支持和协调开发、获取并提供最先进的网络基础设施资源、工具和服务，这对科学和工程的发展及转型至关重要。ACI 同时还支持前瞻性研究和教育，以扩大网络基础设施未来的功能。ACI 通过培育一个充满活力的技术生态系统，以及由开发人员、研究人员、管理人员和用户共同组成的技术熟练的员工队伍，来为那些工作依赖于高级计算、数据处理和网络的各个领域不断增长的科学家和工程师群体提供服务"（美国国家科学基金会 2015；Svennson 2010）。

　　一些报告和机构认为，数据和计算平台愈加广泛的基础设施转型将会为不同学科和交叉学科的产生创造机会，并由此引发新的数字转型。这种推测将政治和经济联系在一起，通常通过政府提供的资金，或通过输出和研究基础设施的形式来促进更广泛的经济增长及提高国际竞争力。⁵这些力量对于发展 21 世纪大学的基础设施来说一直非常重要并将持续下去，但它们并未完全找到数字人文学科转型的症结。在本章中，我们认为数字人文的转型不仅限于从传统学科理论到新形式和基础设施的转变，例如从纸质文件到计算机文件，从资料库到数据库（Klein 1996）。材料的改变和标记技术的新类型必然会将人文学科视为"超文本"的，包含视听、表演和整体感觉；同时，互联网也将使任何工作连接起来成为可能。有一点很关键，许多资助者似乎经常认为"数字基础设施的发展和期望是受人文科学数据驱动，而不是阐释学研究驱动的"（Kaltenbrunner 2015：7）。[6]此外，还有一点至关重要，数字人文学科不应该通过"人文科学"的"现代化"或"合理化"渠道来仅仅满足国家的经济需求。

这种数字基础设施的解释方式显然受到了启发式科学研究工作模式的影响。对人文学科的科学适用性的理解确实存在长期争论，但是，在"大人文"式研究方法具有优势的情况下，需要注意的是，与应用科学不同，人文研究不能忽视其特殊性和差异性。从根本上讲，人文研究工作往往与理解有关，因此在实际工作中具有具体性和特殊性。所以重点应放在研究基础设施上，从而加强和允许21世纪人文研究的创造性，而不是让应用科学借由创造知识之名，以一种霸权的姿态取代人文研究。例如，从2009年到2013年经历了三轮资助的"数据挖掘挑战"旨在"解答'大数据'如何改变人文学科和社会科学研究领域"。它提出，如果"我们拥有大量的人文学科和社会科学研究资料数据库——从数字化图书、报纸和音乐到互联网和移动通信产生的信息、公共部门的行政数据，以及来自私立组织的客户数据库——我们可以应用那些新的、基于计算的研究方法"，并且认为，"随着这个世界的数字化程度越来越高，需要新技术来检索、分析和理解这些资料。'数据挖掘挑战'促使研究团体为21世纪的学术研究创造新的研究基础设施"（ODH（Office of Digital Humanities，数字人文办公室）2015）[7]。不可否认，虽然大数据和数据科学的方法提供了新的机遇，但它不可能是计算技术应用的唯一产物。[8]

事实上，通过各种形式增强计算功能来辅助精读，这可能只是人文研究相关的比较次要的一种数字方法，而通过研究基础设施，则可能实现"真正的精读"和微观分析，零散资料的分类和桌面组织，档案和实时数据的组合技术，以及初级资料的计算处理技术等（参见 Hancher（2016）对此进行的讨论）。例如，我们可以参看斯坦福大学的"学界通信地图"（Mapping the Republic of Letters），牛津大学的"知识文化"（Culture of Knowledge）项目，或者荷兰的"17 世纪荷兰共和国的知识传播与学术实践"（Circulation of Knowledge and Learned Practices in the 17th-century Dutch Republic）项目，他们都用自己的方式"为团队提供了一个论坛来参与和讨论他们工作的各个方面，每个人都可以为他人贡献内容、注解和学术出版物"（Anderson 2013：14）[9]。

人文科学中的这些新型研究基础设施对人文、文本、艺术和日常生活，以及档案及其与档案产生机构和利用档案从事研究的学者之间的关系的传统差异提出了新的挑战。正如 Hughes 和 Ell（2013：38）所说，"我们必须更好地理解数字馆藏的利用，以及它们是如何成为研究基础设施的一部分，这使一个新的研究问题得以开展"。的确，现在计算技术提供了遥读法，用阅读算法替代传统的精读，从而使得阅读越来越向抽象化和数据可视化方向发展，这引发了读写文化的本质是什么的问题。这同样引发我们思考的是，当文化的呈现形式和中介形式扩展到屏幕之外，并由新的计算界面代替时，文化究竟该如何表达的问题。

与数字人文相关的最常见的研究基础设施之一是研究中心或实验室。[10]它们往往关注更高层次的研究，可能有研究生和博士后研究员在其中工作，即便如此，这些设施的工作强度仍然非常高。值得注意的是，基于数字人文的学科特征，许多主要工作领域都在大学或院系设立的研究中心开展。例如，伦敦国王学院的国王数字实验室（the King's Digital Lab，KDL），弗吉尼亚大学人文科学先进技术研究所（the Institute for Advanced Technology in the Humanities，IATH），苏塞克斯大学的苏塞克斯人文实验室，斯坦福文学实验室，以及马里兰大学的马里兰人文科技研究院（the Maryland Institute for Technology in the Humanities，MITH）（Svennson 2012：37）[11]。Fraistat 认为，"数字人文中心作为网络基础设施和用户之间的通道，是跨越新技术与人文学者之间巨大鸿沟的关键要素，学者们在这里学习如何将计算方法、编码实践和工具引入他们的研究，并且将数字资源的使用者转变为资源的生产者"（Fraistat 2012：282）。同时，还有"其他数字人文实体，例如 HASTAC（the Humanities，Arts，Science，and Technology Advanced Collaboratory），即人文、艺术、科学、技术联盟实验室，它们将自己定义为联合、虚拟的开放实验室"（Earhart，2015：392）。事实上，在大学本科阶段很少有数字人文院系和数字人文学科的例子，尽管这种情况正在发生改变。但在大多数情况下，数字人文的出现可以说还是离不开学生支持和院系结构的全面发展。

以英国为例，与数字人文相关的创新被视为是跨学科的，并且这种形式通常存在于超越特定学科领域的机构，这也是其数字人文领域不断发展的原因。例如，伦敦国王学院的数字人文学系就和国王数字实验室联合在一起[12]；牛津大学的数字人文学科，由牛津电子研究中心、IT 服务部、牛津人文研究中心（the Oxford Research Centre in the Humanities，TORCH）、牛津互联网研究所和牛津博德里亚图书馆联合发起[13]；格拉斯哥大学的人文先进技术和信息研究所（the Humanities Advanced Technology and Information Institute，HATII），探索信息和通信技术如何影响人们对艺术、人文和文化遗产的认识和理解[14]；最后，我们可以看看苏塞克斯大学的苏塞克斯人文实验室，该实验室已获得300万英镑的资金用于拓宽数字人文领域。[15]当前大学里的数字人文正在发生体制变革。例如，一些数字人文中心正在向更传统的院系结构转变（通常关注英国卓越研究框架（the Research Excellence Frame-work，REF））。举例来说，国王学院原有的人文科学计算中心（the Centre for Computing in the Humanities，CCH）已成为其数字人文学系，该系随后被拆分为国王数字实验室和单独的数字人文学科。

事实上，数字人文研究方向的变化意味着研究中心的转变，这些变化通过实践工作持续不断地实验和调整（McCarty and Kirschenbaum，2003），但并非在任何地方都是如此。在一些机构中，数字人文仍然设置在相对传统的、以学科为主导的院系中，比如在英语学院。Sample认为，从某种意义上说，我们可能会看到从核心到"阵营"的转变，并且用一种不那么制度化的研究实践形式，鼓励寻求和附属机构的密切关系，并补充说："从事数字人文研究工作的大多数人可能永远没有机会与专门的中心或机构合作，也没有机会与会使用人文学科语言以及Perl、Python或PHP语言的程序员一起工作；还有一些同事，他们管理经费申请和预算，他们所在的工作岗位掌握最新的数字工具和趋势，他们应该去了解并分享他们的知识，但我们也鲜有机会跟他们交流。在大学里，我们很难拥有一个用统一的声音向管理者、学生、捐赠者、出版商和社会团体阐述数字人文价值的机构倡导者。"（Sample 2012）的确，这在个别组织层面可能是事实，然而，在更高层次的部门教育层面上，包括学科级别的团体、国家学科协会，甚至被提议的学习型社团，更正式的机构目前正在逐步建立。

尽管如此，数字人文学科也正在发生改变：一些中心发展成了院系，一些中心停止运行，而与此同时继承了过去中心功能或者有新创意的新研究中心也不断被规划和建立。正如 Friedlander 所宣称的那样，"中心提供了跨学科的'第三地点'，社会学家 Ray Oldenburg 用这一术语来定义一个有别于家庭和工作场所的社会空间。第三地点的出现促进了核心关系，并对学术生态环境至关重要"（Friedlander，引自 Fraistat 2012）。Svennson（2010）提供了一个改编自 Zorich（2008）的清单，列出了这些群体共同的活动：（1）数字人文中心（或类似的研究团体）致力于建立数字馆藏作为学术或教学资源；（2）创建工具用来创作，建立数字馆藏，分析馆藏、数据或研究过程，以及管理研究过程；（3）使用数字馆藏和分析工具来生产新的知识产品；（4）提供与数字人文主题相关的数字人文培训、讲座、项目、会议或研讨会；（5）拥有自己的学术职位和人员；（6）为国内外机构的学术部门、组织或项目的成员提供院校支持和协作；（7）从事人文科学和人文计算研究（如数字学术研究和发表）；（8）为人文学者创造一个实验和创新区域；（9）作为特定人文学科的信息门户；（10）充当基于人文学科的数字馆藏的资料库；（11）为人文学科院系提供技术援助和咨询。

以上这些活动从各个方面都表明，物理空间是发展和支持数字人文新的研究领域的重要考虑因素。对老师或学生而言，无论是研究中心、机构还是"人文实验室"，这些空间都能使技术工作和智力工作联系起来，通过鼓励试验、协作和知识的共享，实现数字人文领域相关的能力构建。但在建设这些设施的过程中，重点是在数字人文的领域里对控制和规划这些空间的难度有充分的考虑（Svennson 2010）。数字人文空间或实验室应该是多重配置及可重复使用的，并且能够在研究工作和社会活动中都能发挥出最大的效能。过去大学对物理空间的委托方式，即把监督和预算控制权都授予实施者，以便能集中精力和时间来进行能力建设，极大地协助了"第三地点"的创建。此外，在以数字人文中心为代表的"第三地点"中，（1）技术既是驱动力又是机遇；（2）无论是虚拟的还是物理（实体）的中心，都应是鼓励创新和试验的场地；（3）是以"第三地点"为重要组成部分的民间团体的知识模拟的基地（A.Friedlander，引自 Fraistat 2012：289）。另一个优势在于，我们从理论和实践的相互作用中认识到，高水平技术设施能够促进高质量的、创新的、兼具理论性和试验性的数字人文工作。

无论是物理的、数字的还是兼容式的，我们探讨的人文实验室或数字人文中心都是用来支持新的实践研究形式的探索性实验室（Svennson 2010）。比如"文化实验室"（Svennson 2010，引自 Janlert and Jonsson 2000）的形式，它是一个数字化的受控空间，通过如 AR、VR、实时视频会议空间等技术，促进和加强文化研究工作。事实上，Svennson（2010）认为："可以把人类或是由计算机运行的对象作为仿真参与者，它们的实时交互数据通过数字化的方式使用，用来扩展后数字研究的空间。"这些新形式的空间可以实现诸如数据可视化技术，包括"一个展示大型数据集，可视化或定制复杂分析对象的界面。提供交互工具来帮助研究人员直观地了解分析对象和模型，并可以进行快速的假设分析"。Moretti 认为，"数字研究的一种解决方案是实验室挂靠在院系之下，也就是说以院系为依托，有独立自主权的一个院系机构。这显然是一种不稳定的状态，但我们如果参考科学界的生物实验室和生物系共同运作的方式，则这样的方式是有依据的。这些生物实验室都是附属的，但并非与院系的其他下属机构共同运作"（Moretti 2016）。实验室和院系融合的想法非常具有启发性，特别是围绕共同的研究兴趣并由相关教师主导的话，这样的方式往往颇具成效。

实验室同时也鼓励对工具、方法、内容、背景和想法进行试验，即 Ramsay 称其为基于"启发式探索诠释学"（hermeneutics of screwing around）的方法。换句话说，"就像图书管理员所认为的，这不是一个取代另一个的问题，而是从更广泛的意义上讨论将这样交叉捆绑式的方法作为一种研究方法论，我们是否做好面对困难和挑战的准备"（Ramsay 2010）。事实上，Svennson进一步提出："在更深层次上，研究者之间的交流可以优化模型本身或其参数、数据和关系，从而允许对假设相关性或对不同模型应用于同一对象或情形的结果进行比较研究，包含详细的环境、对象、过程和相关性，非结构化信息的'复杂'定性模型可以通过技术来处理，而复杂的定性相关性则可以通过大量的仿真来建模。"（Svennson，2010）

　　如前所述，Ramsay呼吁人文学者开始编码（他称之为"构造"），他指出软件系统的编程和编码是数字人文项目的一部分。在本书中，我们已经注意到，在数字人文方法中，知识产业化虽具有一定危害，但并不可怕，所以我们才看到计算行业不断寻求各种形式知识的持续创新。也就是说，数字人文有可能对其使用的知识表达方式（例如形象、思考和想象）进行反思，并认可程序方法大量生成的临时对象。这对于思考计算文化带来的挑战非常重要，因为共享的研究基础设施、社会知识的内涵和形式，以及这些知识基于算法和代码的表达，为人文学者和普通大众构建了新的获取素材以及实际阅读的方式。诚然，在本章中，我们认可这些挑战，但也将它们归为类似于摧毁软件系统，支持现有软件结构的框架和逻辑进行黑客攻击、干扰和解码的新情况。我们还注意到，像人文科学本身一样，外部资金环境也正在迅速变化。来自研究委员会的更长期、更多的资助，欧洲和美国的大规模合作，以及越来越多的来自科学、技术、工程和数学（Science，Technology，Engineering and Mathematics，STEM）领域资助人的跨学科研究的支持，都要求我们超越单一学术研究的传统。这一项目和团队的转变，使我们重新思考在21世纪建立和重建人文学术的最高质量研究所需的技术和机构支持，这仍然是一个关键领域（参见Boltanski和Chiapello对投影模型的讨论 2005）。

尽管如此，研究基础设施的概念还是受到了质疑，特别是因为建设和维护基础设施花费巨大。正如安德森（Anderson）所指出的那样，"如果研究基础设施有助于研究的转变，那么让从事历史、文学、文化和其他研究的研究人员了解这些基础设施对于他们实践工作的价值，以及基础设施如何促进和加强他们的研究成果将非常重要"（Anderson，2013：7）。

我们开始考虑这个问题的方法之一是关注数字物质性问题，即数字研究基础设施的实质内容。例如，软件越来越成为人文工作、档案、实践和出版工作的组成部分。为明确这个问题，首先，我们定义一下软件：软件经常与硬件相对，硬件是机械的、物理的、有形的技术，而软件则是写入的指令；硬件是固定的，而软件是可变、可扩展的（软件的不断升级常常成为一大麻烦）。然而，物理存在的硬件和虚拟可变的软件之间的区别在进一步对比时变得模糊。代码因为需要写入某种物理介质才能存在。当程序员键入时，代码被翻译成只有两个字符的字母表，即著名的0和1[16]。字符可写入硬盘驱动器中的磁化位上，因此每个磁性部分的极性可以记录一个数字或一个字母，或者作为 CD 或 DVD 中聚碳酸酯塑料薄片中的微小凸起，或者作为 U 盘和闪存驱动器中微型晶体管内部捕获的电信号。电和磁是无法触摸的，但任何经历过电击或看过磁力起重机举起汽车的人都知道电和磁是非常具有物质性的，因此，尽管其实质性不同，但计算机软件和纸质书一样具有物质性。

上面提到的三种存储介质，即硬盘驱动器、CD-ROM 和闪存驱动器，只有 CD 是永久性存储材料，其他的则可被擦除和重写，就像黑板上的粉笔字或纸上的铅笔字一样。自人类开始写字以来，就使用过不耐保存的书写载体来表达思想，例如木蜡抄本或黑板，也使用过持久稳定的载体材料，如石材和黏土片，来书写会计、法律和宗教文书。书本文化（高等教育作为其中一部分）主要建立在永久性记录的基础上，但在计算机中，软件记录的可更改性则是常态。

软件似乎具有物理存在性，但它必须依靠硬件呈现，就像粉笔字呈现在黑板上一样。计算机的铝制外壳装了很多固定零件：硅胶电路板、闪存驱动器、电池、电线和键盘，更不用说高分辨率彩色显示器所需的全部零件。当计算机刚买来时，这些都是安装好的，尽管某些元件可以替换，但随着计算机的更新换代，替换变得越来越困难，而且大多数用户从不自寻烦恼，只要扔掉旧的计算机就好了。但是，要使所有零件共同运行起来，还需要编码指令。计算机拥有可以控制其每个组成部分工作性能的算法，其中一些存储在"硬件"中，例如将"0"烧入PROM芯片的硅元素中；但大部分算法写入了可擦除形式的内存，并且可能发生改变，这就是计算机程序，即代码行，使闪存卡中的晶体管捕获电能来存储"1"，或释放"1"来存储"0"，从而写入或改变了算法。程序员也称其为机器码，它正是大多数消费类电子产品能够运行的原因，也是汽车和飞机的重要组成部分。硬件和软件之间的这种中间状态通常被称为固件。它很少发生变化，甚至从未改变，但大多数计算机和手机用户还是会不时升级固件。

许多经常被程序员视为硬件的东西，仔细考虑的话，其实是软件或者固件；相反，当工程师研发新的存储芯片时，他们也要编程，通过编写代码指令来使芯片按预期运行。从这些地方可以看出，软件研究领域可以促进对这些计算结构更深入的观察，拓宽和深化数字人文方法，从而使研究基础设施和项目得到更好的理解和发展。

研究软件的目的通常不是要找到硬件和软件之间的清晰界限，而是研究和评判计算机内部多层编码体系的效果。任何代码都依赖于它所能调用的一组程序的性能，而这些程序基于更低的层级，如此往复直到处理器中最小的逻辑门。程序员只考虑其目前所使用编码语言（我们称其为编码平台）的可行性或可供性。通过软件研究，程序员将了解他的编码平台，以及支撑这一平台的低层平台，甚至是更低层平台的效能和瓶颈。

一些学者使用 Gibson 的"可供性"这一术语来描述技术是如何影响产品的。Gibson（1986）引入这一概念用来解释人类的视觉感知。人们通过在其中能够做些什么来观察环境，正如 Gibson 解释的那样，"如果一个物体的表面相对于感知者是水平的、平坦的、延展的、坚硬的、膝盖般高的，那么事实上它是可以用来坐的。因此，只要一个物体被辨别出有这些属性，那它看上去应该就是可以'坐'的，即'可供性'被直观地感知到了……可供性既非客观属性也非主观属性，但有人也认为它既是客观属性也是主观属性。可供性跨越了主观和客观的本质对立，帮助我们理解二分法的不足之处。同样，它既是环境事实又是行为事实，既是物理的也是心理的，但也可能都不是。可供性既指向环境又指向观察者"（Gibson 1986：128-9）。

可供性的概念在 Donald Norman 的《设计心理学》（*The Design of Everyday Things*）（2002）一书中被提及并得以普及，该书描述了人们如何与日常生活中的各种技术进行交互。Norman 指出，重要的不是技术真的可以做什么（或是如何起作用的），而是用户认为技术可以做什么。根据 Norman（1999）的观点，真正重要的是"感知可供性"，他批评那些忽视人类感知的人，并批评错用可供性这一概念来描述技术的某种在不被人感知时也依然存在的属性。Rex Hartson（2003）根据可供性如何帮助用户进行交互，将其划分为四种类型：（1）认知可供性，用于认知行为，如学习或记忆；（2）物理可供性，用于点击或移动等物理行为；（3）感官可供性，用来协助感知；（4）功能可供性，帮助用户做他们想做的事情。当然，这是在交互界面的确帮助用户达成了目的的前提下，而在行为编程、暗黑模式和说服技术的发展背景下，事情往往并非如此。事实上，Fuller已经证明了一些最受欢迎的界面具有比纯粹的可供性更广的功能范围。Fuller分析了Microsoft Word，并表明这款软件拥有比任何用户所需要的还多得多的功能。另外，Fuller还发现很难定义这个软件的确切用途。的确，它是用来写作的，但写作有很多目的，当Word支持不同目的的写作时，有一些确实变得简单了。例如，当写一封正式信函时，Word不仅提供现成的句子，还提供精美的信笺。但是，Word还提供一些另类的功能，如字体动画，却说不上任何理由；而其他有些实实在在的功能却不受支持（Fuller的例子是生成诗和简单的HTML编码都不受支持）。

关于软件、硬件和平台三者之间的另一个关键区别，Microsoft Word是一个很好的例子。"平台研究"是一个主要与麻省理工学院出版社出版的同名系列丛书有关的运动，在这个系列当中，"平台"被定义为一个他人可以在此创建新作品的系统。系列中的第一批图书与游戏控制台相关，因此更加关注硬件而非软件。软件也可能是平台，例如Unity，一款可用来创建软件套件、文件格式以及游戏渲染和交互引擎的软件。Unity允许作者开发在移动设备和计算机上播放的3D游戏（以及其他驾驶空间，例如Liestol's SitSims）。要想了解当代文化是如何演变发展的，了解像Unity这样的平台至关重要，因为它们是创作者的媒介（或工具）。此外，Unity还是一个桥接其他平台（或设备）的平台，这再次显示了数字媒体的持续分层。

Microsoft Word甚至都可以作为平台来使用，这常常被用作展现软件流动性的例子。Word是一个可供人们创建工作的软件，尽管人们的固有观念认为Word中创建的文档终将变为纸本，但人们都越来越多地依靠屏幕进行阅读，Word 文档的阅读、批注以及修订通常都在 Word 软件中进行，这还不包括插件、宏和自动化的开发。平台研究是一个重要的研究领域，它帮助我们将硬件和软件结合起来进行研究，并体现出硬件和软件、平台和软件之间的分界线是流动的，这种流动性通常取决于观察者的视角。

软件是计算机程序的集合，是计算机按顺序执行的指令链，通常以光速来处理信息或符号。信息是计算机科学中的常用概念，符号则用于符号学。这两个概念之间有重要的理论差异，但这对我们此处的讨论并不重要。计算机进行记录、存储、操作、传输，以及输出用户可懂的语言，这一切都离不开信息与符号，也因此与人类通信息息相关。所以，软件可以说是由能够处理符号来帮助通信、存储或计算和仿真的程序所组成的。软件由本身运行在由可被重写的多层程序构成的机器上，来控制计算机中符号流的指令集。

Chun（2011）和 Manovich（2013）为了寻找奠定数字计算机发明基础的思想体系，深入研究了计算的历史。Chun 的出发点基于"隐喻"，他认为软件成为心智、文化、意识形态、生物和经济的隐喻。Chun 想更好地了解软件，从而更好地理解隐喻，然后理解早期的计算先驱。她详细分析并描绘了软件这一概念是如何从计算过程中无处不在的没有固化的形式变成了一个"实物"，一个可以被重复利用、被售卖和获得专利的物体。她还在一个有趣的分析中展示了当代观念中的大脑工作机制如何帮助人们理解计算机编程，但这种关系很快就反转了，软件成为大脑如何运作的隐喻。Manovich 同样将 Alan Kay 早期实验中的动态图形设计"谱系"映射到了现代商业软件中。

了解计算机和软件的历史无疑非常重要，因为它将揭示我们当前的软件观是如何形成的，以及其他概念化过程是如何发生的。然而，Chun 的分析

（在某种程度上，Manovich的分析也一样）冒着本质主义（essentialist）的风险。虽然关于硬件、软件和人类存储的某种观点可能在20世纪40年代广为流传，虽然我们今天使用的有重要用途的计算机是那些系统演化的产物，但这并不表明关于计算机和人类心智的这些观点至今仍在影响着我们的思想。Chun指出，按照Lakoff和Johnson的观点，使用隐喻就是指出两个独立物体之间的相似性，但这两个物体在各个方面都没有共同点，这就是隐喻的强大力量。当今天的生物学家或经济学家使用软件作为隐喻时，他们很可能比早期的计算机先驱在思想上有更多的相似之处。了解第二次世界大战期间及战后的开发人员是如何思考的，对当代的隐喻使用所能提供的认识非常有限。要理解如今人类对计算机和世界上其他事物的构想，我们需要研究当代语言的使用。

随着网络进入它的第三个十年，越来越多的人注意到网络有着一段值得研究的历史，并且已成为一个独立的研究基础设施。与印刷信息不同的是，网站内容可能极不稳定，因为它们容易被擦除和改写。此外，它们需要全天候运行的Web服务器来支持访问。如果拔掉服务器的电源插头，那么该网站也就消失了。正如Anderson（2013：19）所观察到的那样，"虽然互联网和网络资源的使用频率相对较高，但是（人们）对底层如何处理数字信息、数字资源和计算之间的逻辑机制的认识却很肤浅"。

网络资源归档的研究领域之一，即Brügger所描述的"任何形式的有目的的网络资料保存"（Brügger，2011）。图书馆保存图书，至今已有几个世纪，并且许多国家图书馆几乎都收藏了该国印刷的所有图书。然而，以相同的方式收集保存网站资源，基于多方面原因被证实十分困难。首先是保存什么以及何时进行保存的问题。文件网络是动态的，并且任何页面随时都可能被修改。图书馆可以保存每天的报纸，但网络上的新闻网站在不断地上传新闻，那么图书馆应该何时保存网站内容？上午？下午？晚上？每十分钟？除此之外，现代网页还是组件式的混合体：虽然核心内容可能是稳定不变的，但广告由于插自第三方，内容有可能发生变化，而且经常会根据"cookies"（存储在用户计算机中的小文件）捕获到的用户浏览器的历史记录进行量身定制。通常还会有首页上的新闻链接，边缘、底部的"订阅最多"或"转发最多"面板。其他新闻链接也可能会有动态更新，如访问了关于一场地震的过时网页的读者可能会收到有关最新地震报道的链接。其次要考虑像亚马逊这样的商店或者Spotify这样的音乐服务公司，它们总是根据用户的使用记录和其他读过或听过相同内容的用户的习惯向该用户推荐书籍或歌曲。我们甚至还没考虑像Facebook这样的社交媒体网站，每个用户都能收到来自其他用户的独一无二、量身定制的信息流。许多图书馆会定期自动"搜罗"成千上万个网站的内容标题和新闻，但通常不会保留商业广告和其他插入元素，但无论如何，都不可能存储这些内容的真实浏览体验。为了保存完整的浏览体验的实例，丹麦国家图书馆等一些图书馆已经开始拍摄记录人气网站被用户浏览时看上去的样子，以此为未来的网络历史学家提供另一种视角。

图书馆的保存意愿还遇到了隐私权和个人数据保护的问题。很多司法主体认为，个人网站、博客和社交媒体都是私人对话的形式，虽然可公开访问，但并不适合公众使用。即使网站匿名处理了个人敏感信息，如政治观点、宗教信仰、种族或健康问题，但如果将这些信息与网络上其他地方的同类内容进行比照处理，也可能被泄露。在挪威，从网站取得的所有信息都需要书面授权，这使得国家图书馆几乎不可能保留挪威网络空间里的任何内容。

即使收集和存储网站资源不成问题，也还是有很多其他形式的网络内容难以存储。例如，为了保护作者的知识产权和避免盗版，不可能（或难以）保存音频和视频。有的文件或许可以被下载和存储，却可能难以播放，因为随着软件格式的过时，必要的解析软件不再更新到新系统上。例如，现在已经很难以 VRML 格式播放视频文件，或以曾经占主流的 Real Audio 格式播放音频文件。其他格式也会改变，并且不会向后兼容：老式 QuickTime 影片将无法在现代计算机上播放；Adobe 的 Flash 格式，在 2010 年曾是数百万商业网站的基础，在 2015 年，因被 HTML5 淘汰以及苹果公司决定在它的移动设备上禁用 Flash，注定了要失败。如果今后几十年的历史学家在他们的计算机系统中没有安装 Flash 播放器，他们将无法看到时装和音乐行业在第三个千禧年的头十年是如何在网络上施展魅力的。

另一个问题是图书馆从系统中获取数据，能够在多大程度上将这些数据用人眼可读的方式使用。虽然 Internet Archive 的 WayBack Machine 在许多方面都取得了成功，但其他图书馆尚未推行类似的接口。2010 年，美国的 Twitter 将其全部推文档案作为礼物签署给国会图书馆，以供研究人员使用，但直到 2015 年，这些档案仍无法提供给任何人使用（Scola 2015）。

Flash 的问题是计算机历史学家面临的系列重大问题中的最新问题。Katherine Hayles 称其为"新的黑暗时代"，并警告称，能够证明计算的头五十年历史真实发生过的确凿证据可能不复存在，因为计算机系统及其存储介质正在过时。在媒体和艺术领域，镭射影碟的时代对于学者们来说实际上已经无处可寻：影碟产业正在恶化，并且只剩下极少可正常使用的播放系统。CD-ROM 时代的产品流行于 20 世纪 90 年代早中期，但也正面临着同样的问题。为了播放 Voyager 公司受欢迎的"扩展图书"，如 Robert Winter 的人气光盘《贝多芬第九交响曲》（1994 年），需要一个老式的计算机系统，保持在

C1995版状态，并要更换内置电池。世界上只有少数图书馆能维持这种系统正常使用。对于数字文学老师而言，他们的学生无法再读到超文本文学的创始经典，如《下午》（Joyce 1990）、《胜利花园》（Moulthro 1991）或《补丁姑娘》（Jackson 1995），这无疑是一种无尽的悲哀。这些文件本身受版权保护，并且属于出版商 Eastgate 的财产，但截至2015年，现代计算机已没有解析软件。Stuart Moulthrop 和 Nancy Kaplan 的"探路者"项目旨在通过拍摄作者在计算机屏幕上浏览他们的数字作品，并解释这些作品是如何被构建和形成的，来防止数字艺术品不被未来学者所知。同样，丹麦国家图书馆除了抓取和存储网站外，也开始拍摄玩家玩电脑游戏或在诸如"第二人生"这样的3D环境中驾驶的场景。

数字作品的保存也是电子文献组织关注的问题，该组织在2004年发布了一套名为"Acid-free bit"的指南（Montfortand Wardrip-Fruin 2004），建议作者使用开放格式（如XML），来保存源代码、计划书、媒体文件原件和作品结构的描述。在该组织的2015年会议上，Leonardo Flores 提出了一个数字文献中心资料库的计划。

由于网站资源库存储了每个页面的多个版本，并且这些页面很容易被捕获为屏幕截图并插入到视频编辑程序中，所以出现了一种新的学术实践形式，Rogers（2013）称之为截屏纪录片。截屏纪录片是一个由屏幕截图组成的短片，非常类似于网站延时摄影。最早的截屏纪录片之一是 Jon Udell 对维基百科中关于"重金属变音符号"（Jon Udell 2005）的一篇文章录制的纪录片，这篇文章生动展示了一篇以玩笑开篇的文章如何发展为百科全书式风格的学术文章。从那时起，Google 便制作了类似的视频（Rogers et al. 2008）。网页延时拍摄的重要性不应被低估，它们是为传播原生数字材料研究成果的原生数字学术体裁的早期例子。这是一种用于显示长期研究结果非常有效的格式，以其他媒体无法达到和目前研究基础设施迭代所不支持的方式，使观众对变化过程肉眼可见。

数字人文开辟的最有趣的新领域之一是承担更大项目的能力。事实上，可以认为规模是人文学科知识探索中的重要新视野。由于设计和实现数字方法来扩展人文学科所承担的工作规模是一个复杂的过程，因此引发了人文学科中使用哪些最前沿的方法和途径的深刻问题。这当中，自然科学和社会科学中的"大数据"项目举足轻重：（1）计算能力的极大提升使研究人员能够用更大量的数据执行更复杂的计算；（2）通过深思熟虑的方法和算法才能得出可靠的结论；（3）当计算大量数字时，一个小错误或不精确就可能会被放大。但因为科学家们早已在各自学科中使用过定量方法，所以当面向大数据时，更多的是规模上的差异而不是性质的不同，只是人文学者尚不习惯和大大小小的数字打交道罢了。虽然统计学的主要内容并不完全是诠释和计算，但它对大数据集的创造性使用展示了通向大数据数字人文的途径。

数字可能被用来解释文化。过去几年中，奥斯陆大学的音乐学者研究了音乐流媒体服务 Wimp（现已被 Tidal 收购）的使用统计数据。通过对数百万次音乐播放中的模式进行分析，为当今的音乐文化提供了独到见解。通过对播放量和收益流的比较，该研究团队还提出一种不同的、更平等的收入分配方式。如果采用该方案，对微小和可能发生的行为都会产生显著影响。

计算语言学也表明，人文学者无须对文化进行间接研究，直接在真正的人文语料库和馆藏中研究频率和模式是有可能的。语言学的数字革命可能给其他许多领域带来灵感。许多人提出的一种应用假设即是艺术、音乐或文学风格的历史。没有计算机的帮助，一位研究人员一生能够研究的作品数量是有限的。若使用计算机代替人来阅读，则可以在更大的历史作品馆藏范围内找到音调、构图或主题的模式。与十年研究数十部小说不同，一位研究人员通过这种方式可以研究数以千计的作品。

使用计算机进行内容解读似乎还不太可能，对于大多数人文学者来说，内容解读也是痛苦和困难的，毕竟细致入微的解读和精读是大多数学术型学科的核心。但即使人工进行真正的解读，利用计算机提供的大量数据也是非常重要的。我们在此应当记起，数字人文的先驱 Busa 本人提出过，为了真正解释作者的思想，研究者有必要研究作者对语言的整体使用风格。只有考虑了每个概念在上下文中的含义以及它们和其他相关概念的关系时，才能得出可靠的解释（Busa 1980）。事实上，为了制定新的解释范式来帮助思考这些问题，需要精心的设计、思考以及实践性和理论性的推理。在这些更宏观的层面上来看，规模不再是与人文研究工作的技术特征和工作流程特征相关的特定的、临时性的步骤。扩大人文研究本身的投射性，并重新审视构成某个特定项目初始数据集的语料库，都是有必要的。我们仍在使用的旧方法认为计算机擅长计算和机械模式的识别，认为人能够依靠直觉、创造力和意外发现有所收获，这种观点值得重新思考。围绕数字人文的一种新的解释范式构成了研究活动中新的混合性，其中解释和创造既分布在整个项目中，以程序员和人文学者作为创造和解释的要素，又分布在不同中介之中，如思想、代码、算法和系统。

随着人们越来越多地发现大规模计算的世界变得规范化，控制或部分增强传统模拟体验、技术和实践方面的廉价数字技术应用无疑会增多。也就是说，随着计算的力量渗透进社会和文化，其广度和深度都将不断拓展（Davies 2013）。人们日益被新的领域和计算流程所包围，它们共同构筑起一种新的人体感觉器官，包括"流"、"云"、传感器和基础设施。

与过去媒体成为日常生活的一部分不同，这个新领域通过使用算法和代码对自身进行调整和转换的能力是显而易见的。这不仅仅是一般的可塑性，而是相当灵活的结构，更能够适应计算时代背景和环境，更好地为个人所定制。这个新的计算领域不一定是自上而下或由企业控制的。因此，我们在自下而上的层面可以看到，廉价数字处理器市场的出现实现了文化和文化实验的创新形式，并很快成为"后数字"系列的一部分（Berry and Dieter 2015）。

随着数字和非数字之间的历史差异变得越来越模糊，谈论数字技术的前提是在开展研究基础设施及其系统设计的研究时必须考虑到一个连接点。因为计算变得空间化，它通过嵌入环境和生活的组成部分，用多种方式和手段被携带、触摸、操作和交互，因此计算也介入了这些研究的开展过程中（Berry 2014）。事实上，伴随着永远在线的智能手机、平板电脑和广泛分布的无线网络技术的普及，类似于"在线"和"离线"之间的区别已经变得过时。同样，物理和数字基础设施之间概念的清晰分离或许也需要被重新审视。

如今，研究基础设施的实现条件日益与被称为"计算"的概念相关联，"计算"被理解为抽象的运算量。计算作为一个概念存在于两层含义中，一是作为计算系统或基础设施中蕴含的潜能，二是存在于实际工作中对这种潜能的激发。虽然这一直以来都是一个理论局限，但计算也是一种能力，可以用来解决特定计算问题，并且当下许多问题的确是计算的问题。从这个意义上来说，由计算所提出的理论问题直接和软件、算法与代码相关，并因此成为当下计算型社会的先决条件，因为它代表了将沉没资源转化为价值资源的潜力，实际上是用于加强世界上各个系统算法的"能源"的计算单位。计算是一个抽象运算的概念，但它也是激发特定任务中计算储备能力潜力的条件。在思考计算型社会技术构想的计算分布以及数字基础设施的基础概念时，计算成为一种重要的思维方式。

在高度分布式的计算环境中，就像我们今天所生活的环境一样，计算遍布社会各处，被人们随身携带，通过网络和无线连接被使用，并汇集到庞大的计算云中。因此，计算不仅是抽象的，而且存在和运行于日常生活之中，它是生活的一部分，不仅作为生活的一个方面，而且作为生活的结构化功能和中介。但最为重要的是，计算也是社会中的一个不可见因素，一方面是由于计算产品技术的模糊性，另一方面也由于需要有一个接口或者界面，以便与计算进行交互。

从这个意义上讲，计算是创造物理环境的结构化条件，如同其创造的那些科技框架一样。计算，既作为一种理论概念，又作为一种技术定义，对于更加广泛地思考其挑战至关重要。但在这个计算能力日益增强的快速发展的世界中，如果没有一个从历史角度比较不同时刻的尺度，对计算变化的比较分析就会变得困难。不仅如此，由于计算不仅仅和处理器的速度和带宽有关，还包括许多其他相关的技术因素，例如底层主板、内存、图形处理器、存储系统的速度，这使得对计算变化的比较分析变得更加困难。

计算是一个相对的概念，需要和之前的迭代共同被纳入考虑范围，因此基准测试成为计算评估的一个重要部分。例如，SPECint，一个由标准性能评估公司为处理器整数处理能力提供的计算机基准测试规范（SPEC 2014）。另一个名为 GeekBench（2013）的基准测试，以基准分为英特尔酷睿 i5-2520M @ 2.50 GHz 处理器计算打分，得分 2 500。相比之下，另一个基准测试 SYSmark 2007，则试图将"真实世界"的应用程序引入到一个运行封装处理任务的理想系统进行测试（SYSmark 2007）。可以看出，比较计算成为一系列定义各种测试处理能力的基准测试。因此，许多制造商在其硬件中创建自定义模式来和这些基准测试进行博弈，并混淆这些定义和对比软件也就不足为奇了。例如，三星为基于 Exynos 5 的 Galaxy S4 手机创建了一个特殊的"白名单"，使一些最受欢迎的基准测试 App 转换为大多数普通应用程序都无法使用的高性能模式。这些 App 以 532MHz 的速度运行 CPU，而其他应用程序则超不过 480MH（Schwartz 2013）。

正如 Kirschenbaum 和 Werner 所说的那样，"各类学者、理论家和媒体艺术从业者现在已经认识到，计算机是物质现象，不仅包括有形的硬件，还包括软件，甚至是算法的计算过程"（2014：425）。因此，在材料注册中，计算单位可以被认为是计算机处理芯片理论上运行一个小时的最大潜在处理能力。当然，在如今软件化的形势下，处理能力本身已经成为一种服务，并且今后更多地通过虚拟机（VM）而非实际的物理机器来构建，如通过使用复杂的软件来管理虚拟化的对象，许多计算实例可以在单个物理处理器上实现。亚马逊自身通过将实际的处理过程抽象化来定义计算，并认为，"向效用计算模型的转变，从根本上改变了开发人员如何看待 CPU 资源。人们按小时租用计算能力，不再按月或年购买或租用特定的处理器。由于亚马逊 EC2 构建于商用硬件之上，因此随着时间的推移，EC2 实例的底层可能会有多种不同类型的物理硬件。亚马逊的目标是提供一致的 CPU 计算能力，而不管实际上底层的硬件如何"（Amazon 2013）。

事实上，为了实现离散化，亚马逊准备研究与其 EC2 计算单元（ECU）相关的计算。[17]Google 也使用了抽象数量来度量计算时间的"微小增量"（Google 2013）。逐渐意识到实例如何提供可预测的专有计算能力是关键，这是因为，尽管它在技术文档中定义得相当宽泛，但它是计算能力的时间测量。

那么计算的问题就成了一个更普遍的计算起源的问题，也是如何从定性与定量两方面来理解计算基础设施的问题。显然，不断增强的计算能力所带来的量变让我们有可能获得质变的体验，即我们对生活在软件高度结构化的世界越来越习以为常。谈论软件、程序、算法和代码，是考虑计算能为今天的生活提供便利所需条件的关键问题，但对相关计算能力没有相当的理解是不够的。

现在，我们通过思考可能被用于这些研究基础设施、档案和编码材料的具体方法和手段，转而研究它们究竟是如何被使用的。这些方法遵循数字人文学科的常规做法，我们将其称为"数字方法"，但除此之外，我们还应用了各种各样的混合技术。

第六章
数字方法与数字工具

"在大数据环境下，如果数据足够多、足够描述我们的叙事场景的话，其实理论建构并非不可或缺。"（Chris Andersen）

人文计算领域的学者已经意识到，人文计算具有高度技术化的内涵与本质，它必须依托数字系统建设、程序代码编写或者其他手段来实现研究过程或呈现研究结果。同时，像Schreibman、Siemans和Unsworth等学者就认为，数字工具与人文学科诠释方法之间存在密切的内在联系，因为人文学者对原始研究素材采用的诠释性方法能够被数字工具更好地运用，而且数字工具还能更加有效地呈现研究意图或研究设计；或者简而言之，数字人文的实践是对人文学科理论的一类应用性诠释方式，与理论探索同等重要。(Schreibman et al. 2004：xxv)

然而，当前数字人文的发展有些过于偏向应用实践，理论研究发展反而相对滞后，给这个领域的发展也带来了一定的潜在危机。事实上，Galloway就曾经提出："数字人文研究者的角色定位是否需要研究者重构他们的学科知识背景，来适应当下面向数字人文研究平台的研究需求？"(Galloway 2014：126) 比如，知识表示一般需要掌握系统与工具开发的高级技能，而数字人文研究者往往缺乏这方面的知识或经验，这成为影响数字人文发展的根本性难题。尤其是我们注意到，当硅谷的技术性企业运用量化计算方法创造了像大数据这种全新的服务方式与体验时，而数字人文研究者也意识到大数据方法与人文计算有着密切的联系，但限于知识能力，却不得其门而入。因此，解决数字人文研究者的知识结构缺陷就迫在眉睫了。尽管如此，数字人文与计算机科学之间的区别还是很明显的：人文计算一般被称为应用性计算，并不是直接研究计算机科学问题，而是研究如何运用计算机技术或方法来解决人文问题。在早期发展过程中，数字人文研究聚焦于内容编码、资料存档以及相关应用工具的开发，并在研究过程中提出了沿用至今的基本概念和方法，从而形成了数字人文的基本理论框架。目前，数字人文一方面大量借鉴和吸收计算机科学、图书情报学中的前沿方法或工具，另一方面也被传媒和大众传播学、文化研究、新媒体以及其他相关学科所关注或采纳。[1]

相应地，数字人文领域也衍生出了观念上的一种"认知偏差"，因为越来越多的学者认为，数字人文与工程科学和计算机科学的关系，比数字人文与人文科学的关系要更为紧密。换而言之，数字人文的内涵明显偏重人文科学领域的数字化系统建设，更倾向于所谓的技术的阐释，而非技术的理解。在某种程度上，这种认知观念也解释了数字人文研究在量化计算领域增长而在人文领域衰减的趋势，以及对大规模数据集的"恋数情结"的兴起。同时，也解释了为什么大数据的相关实践在数字人文领域如此受到热捧。

我们一直倡导，数字人文应该整合不同领域的学科专长，建构兼具批判性、方法性与经验性的综合研究方法体系，这对于数字人文的发展非常重要。数字人文不是，也不应该被视为一门"一体适用""一刀切"的学科。因此，如果能够整合数字人文和其他领域的学科专长，那么跨学科合作项目就能运用交叉学科的视野和方法、采用更为宏大的理论视野或理论高度来研究文化和社会问题，即理解文化的深层内涵，并可以借助数字技术进一步理解和刻画文化的产生、调解、传播和控制过程。

若我们认真反思对计算文化或计算技术的理解，会发现数字人文是唯一一门关注数字化技术如何塑造、改变和调整人文研究过程的科学。事实上，从政治经济学角度看，虽然计算技术本身一直试图与其所处的政治经济环境剥离，以便树立计算技术的政治中立性和非政治性，但无处不在的计算技术对政治经济的威慑力以及它的破坏式重构能力，使得技术很难成为纯粹的中立性技术。[2]从更为宏观的视角来看，一方面政治或经济团体提供了计算技术的可能应用空间，而另一方面计算技术又更加清晰地描绘了政治或经济团体所想要的想象空间。因此，政治或经济团体不仅是推动数字化系统建设的资助者，而且赋予了数字技术更多的制度化功能。事实上，"我们社会日益增长的泛计算主义的显著特征之一，就是人们越来越倾向于依赖软件系统的技术性解决方案，并将其视为工作变革创新或问题解决的催化剂"（Berry 2014：24）。数字人文研究者应该是这样一群研究者：他们能够借助全新的研究资源，积极创造一种新的人文学科评判方式，同时作为一群富有思想的贡献者，能够保持并增强人文研究的批判性、知识性和解释性等基本特性。

当聚焦到数字人文领域的数字方法问题时，发现对数字技术的深层理解远比对数字技术的阐释更为重要。典型的理解包括对"技术世界"建构过程的理解、技术改变人类知识实践过程的理解等内容。Boonstra、Breure 和 Doorn（2004：22）将信息生命周期分为创造、收集、编辑、检索、分析和表示等几个阶段。信息生命周期模型可以作为一个项目描述工具，能有效区分数字人文项目或基金实施的具体阶段性差异，并详细描述各实施阶段所对应的数字活动。同时，信息生命周期模型也可以作为一个项目评价工具，有助于在大型数字人文项目实施过程中识别特定研究子项目的可行性，或判断项目方案的适用性。在数字人文项目开展过程中存在若干共性问题，信息生命周期模型将其界定为生存期问题、可用性问题和建模方法问题。生存期是指对数字信息长期利用的保障期限，可用性则包含目标用户对项目所生成的数字对象利用过程中的易用性、使用效率与体验满意度等。最后，建模方法可以广义理解为对研究过程和信息系统迭代过程更普适的通用建模方法（Boonstra et al. 2004：22）。当然，不论是生命周期模型的阶段划分，还是项目实施过程中的关键路径设置，在具体的应用场景中可能会招致各种质疑。比如，可能有人会问："可用性"达到何种程度是可接受的？"可用性"是针对哪些用户对象而言的？在什么条件下开展可用性评估？谁来实施评价？谁设置了可用性的评价标准？而又是谁拥有判定评价结果的特权？

　　事实上，一些研究者也发现数字人文理论缺乏自身独立的理论体系，总是"隐藏"在数字化对象开发或计算机系统的建构过程中（Koh 2014：99）。在《纽约时代》杂志的一篇访谈中，Scheinfeldt隐晦地提到"学术界已经进入到了'后理论时代'"，而研究者将面临所谓的"方法论危机"，与19世纪末期和20世纪初期学者面临的"信息爆炸危机"类似，当时传播技术、传输技术和科学研究的变革性发展，创造了海量信息汇聚而成的"信息洪流"，而"信息洪流"的收集和编目工作曾给当时的学者带来巨大的困扰。反映到当时的实际工作中，学科建设、相关书目注释汇总、研究纲领界定以及相关学术史梳理"占据了大多数学者绝大部分的工作时间"（Scheinfeldt，引自Cohen 2010）。我们可能会存在一种进入"后理论时代"的理论忧虑，或因方法和理论太多而无法选择，或因方法和理论的缺失而无法开展研究。但是硅谷的高科技企业却通过大数据理论和方法对这些理论忧虑予以了回应。Chris Andersen提出，"在大数据环境下，如果数据足够多、足够描述我们的叙事场景的话，其实理论建构并非不可或缺"。Andersen的理论越来越得到认同，这种研究方法取向给现有的人文社会科学研究带来巨大冲击，也会给我们一个这样的启发，即缺少了批判性反思，一个学科的研究和发展也照样能欣欣向荣。但我认为，如果数字人文缺少了批判性反思，就不会有一个光辉的未来。

　　数字人文研究采用了大量技术方法和技术手段，从而带来了人文研究过程中知识生产和分析方法的新认识和新方法论。具体而言，第一，新的方法论包括以下具体理论或方法：Moretti提出的"遥读"、Liu提出的"简化人文+研究"、Manovich提出的"文化性解析研究"或者Rogers提出的"数字方法研究"等。在数字人文的方法论和认识论变革中，还有学者提到从人文学

科转向神经科学（Hayles）或工程科学（Ramsay）等其他跨学科领域的方法
体系。第二，数字人文研究广泛采用了图像可视化技术。根据Boonstra等研
究者的梳理，典型的可视化形式包括诸如生命基线图、词汇速写（Lexis
Pencil）图、日历视图、同心圆（Concentric Circles）、文本可视化分析、历
史地理地图等。第三，数字人文领域在对数据集的深度解析中则广泛采用探
*索性数据分析和数据挖掘*的技术方法。通常而言，"探索性数据分析"是指
研究者基于统计公式或统计原理对数据集进行的非拟合性分析。更为普遍的
研究场景则包括揭示测试数据集内隐含的潜在结构，筛选或验证变量影响的
显著性，揭示样本之间的内在联系，分离总体样本中的无效样本（非一致性
样本）等。在探索性数据分析的结果描述中，数据可视化是一种重要的辅助
手段（Boonstra et al. 2004）。第四，聚类分析方法一般用于在总体样本中识
别同质化子群，即"聚类分析旨在识别一组样本，同时满足组内差别最小化
和组间差别最大化两个约束条件"。在不同的聚类分析类型中，应用最广泛
的是层次聚类法（Boonstra et al. 2004）。第五，计算机仿真方法被应用于评
估特定的活动或行为，包括系统定义、模型和标准建构、策略开发与分析、
结果预测、可行性评估以及相关性类型判定等。在这种情况下，模型构建是
计算机仿真的基础，而变量的操作性定义、变量关系的识别都是仿真分析的
关键步骤。当建模完成时，就能通过仿真过程来运行和测试变量之间的各种
关系。在仿真模拟过程中，通过各种不同的条件假设，能够运用多种计算技
术来分析变量之间的关系和设定条件下可能的结果（Boonstra et al. 2004）。
第六，数字人文研究中还广泛采用了内容分析方法。内容分析方法源自20
世纪60年代哈佛大学开展的"*The General Inquirer*"项目，该项目提出并建
立了对政策文本、民间传说、私人通信等语料库的自动分析方法，而这类借
助计算技术的内容分析法所处理的效果和对深层知识的发现，是单纯运用

"裸眼阅读"无法获得的。在这类方法的运用中，文本计量和内容分析方法通过建立文本结构之间的联系、建立概念的层次结构（比如主题词表、事件对象列表或规范作者列表），提供了文本新的解释框架和结构。文本关联结构、概念层次的建构也进一步提供了文本检索和搜索的新方法（Boonstra et al. 2004）。

术语"数字方法"描述了运用数字工具来研究原生数字资源和传统人文资料文本的一系列相关方法。生活在数字化时代，人们创造和消费的大多数文本和图像，要么是通过数码相机和电脑转化而来的，要么是通过数字屏幕编辑、传播而呈现的。人们已经累积了过去20年的数字化生活所产生的海量书写资料和图像资料，现在大部分资料都能通过互联网获取。Richard Rogers（2013）曾经专注于数字文本的处理方法，并且通过Google等企业所开发的数据挖掘和大规模文本处理技术，提出了一套面向社会科学研究的数字方法体系。确实，作为搜索引擎领域的领军企业，Google最初仅仅是通过PageRank算法统计分析网页之间的链接关系来发现相关数字资源，而现在Google已经可以提供大量基于真实用户行为分析的数字方法和相关服务了（Levy 2011；Zuboff 2016）。

在一些场合，"数字方法"的术语却经常被误解。因为在大多数科学研究中，方法意味着一个完整流程，包括数据抽样、数据录入以及运用统计学分析数据。而对于大多数"数字方法"而言，数字领域的抽样、数据录入或者统计方法并不是统一和规范的方法，尤其对于原生数字数据、从计算网络环境中采集的数据以及从档案或馆藏数字化而得到的不同类型的数字对象而言，数字方法的呈现迥然不同。Rogers（2013）提到，在他的研究中，通常通过公共的应用程序编程接口（API）从Google、Twitter和网络存档项目（Internet Archive）等渠道捕获相关数据，而具体方法并非完全一样。如果进一步扩大讨论范围，则原生数字人文数据的理解通常采用软件方法或者网络史方法。在本书中，我们尝试采用一种简单的二分法来区分不同的数字方法，即原生数字对象数字方法和数字化数据对象数字方法。虽然这种二分划分并不完全科学，但对于研究者更好地解释和理解数字领域的方法论类型却非常有用。虽然本章介绍了作者所知的众多数字人文研究方法，但相对于数字人文领域本身存在的海量研究方法而言，仍然是沧海一粟。此外，网上和印刷资料中都有大量关于研究方法的优质资源，能够帮助我们更加深刻地理解数字研究方法的范围与类型（Deegan and Sutherland 2009； Rogers 2013；Arthur and Bode 2014）。

　　数字对象在不同的应用领域中带来的挑战也有所不同。我们已经意识到：数字对象一般都以特定的文件格式存在，并最终以数字形式来表现人们创造的文字、图像、声音，或者融合多种形式所生成的混合对象。因此，研究者要理解数字背后的真实内涵，就必须了解知识表示的运行机制，比如文件格式、文件合并或文件组合方法等。同时，文件格式也限制了内容的使用场景。不同的文件格式会对数字工具提出相应的要求，一般专有格式的文件需要通过特定软件来阅读或收听，否则将无法使用或读取。此外，软件的算法设计会进一步限制研究者的工作。如1998年Kirschenbaum所提到的，以Photoshop软件的直方图为例，规则视图和用户视图就具有完全不同的数字图像描述方式。

　　同时研究者应意识到，目前大量数字人文技术都是在数字人文项目的实施过程中根据现实需要而定制的。在数字人文研究平台的建设过程中，大量项目都会因设计范围太大、经费缺乏而陷入失败。因此，人们越来越意识到，解决数字人文交互或内容再利用的最佳途径是建立标准与协议来增加数据的可获取性、可读性和可用性。应该注意到，越来越多的数字人文项目开始通过应用程序编程接口（API）来自动捕获潜在的数据，或者通过关联数据（linked data）集成与整合异构数据库或数据资源。

关于数据可用性的问题，Rogers 曾强调数字方法应用的三个实用准则。准则一，尽量使用在线服务中已有的数字方法。也就是说，即便出于学术目的，数字人文中的技术和方法仍然可以主要通过网络商业服务所提供的方法（Rogers 2013：29）。准则二，算法的设计尽量参照研究活动中已有的数据资源。准则三，尽量基于现有主流设备构建方法，并依据主流设备的运行来提供文化或社会诊断。一言以蔽之，Rogers 的实用三准则是建议研究者尽可能重视和利用在线数据。正如研究网络用户的多数社会学者所提到的，"数字空间"不是一个与世隔绝的独立空间，而是将现实生活中交流与行为延伸到计算网络空间的一系列交流工具，且现实空间与"数字空间"的边界越来越模糊，越来越面临着"后数字化"的冲击（Berry and Dieter 2015）。数字网络中的行为轨迹并没有与外部社会隔离，而且数字网络中留下的数据痕迹是解释和研究社会的理想素材。事实上，网络数据对于人文学科和社会科学的价值，一点也不逊色于其他形式的知识资料。唯一的区别是，"内嵌到数字工具"中的数据格式并不一定严格按研究者的研究设计所记录，而且尽管数据内容很丰富，通常也不能用来直接回答研究者的研究问题。

Rogers 列举了大量优秀的在线数据服务资源或工具，如 Google 的搜索引擎、Technorati 的博客登记系统、Internet Archive 的网络时光机（Wayback Machine）、Twitter 的推特列表、Facebook 的用户兴趣组等。Rogers 提出的研究流程大致如下：先浏览主要网络服务商的服务内容（包括 API），然后根据研究目的判断可用的数据内容，并搜索相应的研究工具。一般统计学研究流程是先提出研究问题或研究假设，再选择特定的研究方法；Rogers 则提出了完全不同的研究流程，即研究工作是通过分析网络服务商的数据内容，开发新的研究工具，建立数据获取或数据分析的接口，尽可能利用特定用户或服务器中的相关研究元素的全样本来研究问题，而研究元素也包括了推文、转推、标签、用户名、用户地理位置、统一资源定位（URL）、@回复等等（在推特和微博平台中）。当然，推特数字对象的整合与重组并不是为了研究推特中的信息搜索方法，而是为了研究特定的社会和文化议题（Rogers 2013）。

同时，Rogers 也提到了 Google 公司的 PageRank 算法。作为查询反馈的主要排序依据，PageRank 算法默认入链数量高的网页在结果反馈中的相关性更强。PageRank 排序机制给网站设计者和网络研究者都带来了显著的影响，甚至直接改变了他们对网络的理解。因为他们意识到，在 Google 所影响的网络世界里，网站链接是网站权威性和网站被获取的主要判断依据，是网络空间的权力通货。因而在网站设计中，为获得更好的网络分析结果和高顺位反馈排序，现在网站一般会链接大量传播范围非常广的热门文章，或尽量增加指向其他读者的邮件或博客的链接以增加链入数。

相应地，网络研究领域的数字方法也大量采用链接分析方法。在链接分析中，一般通过爬虫（一种计算机程序，其工作原理是以某一网站作为源网站，自动浏览并发现源网站中的所有链接，并通过链接访问和获取相应的网页，如此重复递进直到遍历所有的网页）抓取网站的大量信息，然后运用网络理论或"小世界理论"来分析链接网络。在网络分析理论中，不同的博主对特定话题的共同关注或相互点赞，可视为一种弱关系，从而据此构建相应的博客网络。在博客网络的研究中，研究者发现，在博客空间寻求高影响力的博主一般会主动链接到热门博客，但是热门博客却通常不会链接回来。同时，网站或链接的可视化呈现，可以进一步刻画某一话题相关网站群的核心-边缘结构。网络空间作为开放的言论空间，所有用户都能自由地参与相关话题的讨论。在以往的传播学研究或实践中，绝大多数传播学者或媒体观察者没有办法对整个舆情态势做出准确描述；而通过舆情相似邻近网络提供了一种可能，即在某一话题领域发布相似观点或相似意见的网站倾向于相互链接，而不同阵营、不同立场的网站之间基本不存在链接，或者存在距离极远的链接关系。正如古罗马的广场辩论一样，相互对立的辩论者之间不会频繁善意地相互交流——这种差异性也常应用于相似观点或意见的协同过滤机制设计。

在《新媒体的语言》一书中，Lev Manovich 写道，随着软件在媒体和社会中的应用越来越广泛，可能我们需要建立一门所谓的"软件研究"的新学科（Manovich 2001）。这种观点引起了媒体研究者的广泛关注与跟进研究，包括 Manovich 本人（Fuller 2008；Chun 2011；Bucher 2012；Manovich 2013）。从语义上看，软件研究可以涵盖软件的任何一个层次或层级的相关话题；但是 Manovich 提到的"软件研究"应该是指软件与"终极终端"（high end）交互的相关研究，即距离用户界面最为接近、抽象层次最高的问题空间。依据 Manovich 的洞见，软件不仅是当今文本（包括图像）生成的前提，也是用户接收和利用文本的工具，是用户与文本交互最重要、最直接的工具。而受此启发，研究者开始研究软件界面或功能对用户利用文本效率的影响。比如，前文提到的 Fuller 曾在 2001 年分析了微软公司的 Word 字处理软件和 Photoshop 软件对文本和图片进行编辑的过程及其利弊特点；而 Fagerjord 在 2005 年对博客模板或视频编辑软件的分析中，发现这类工具性软件缺少向最终用户提供使用指南和相关的应用说明，反而影响了最终用户对文本的使用。

显然，在使用软件开始进行交流或进行知识和艺术创作前，用户应该清楚地了解和评价所使用软件的优势与不足。这种评价被 Manovich 称为文化性界面（Manovich 2001）。Fuller 则进一步指出，软件提供者应该（本人认为是必须）绘制这类软件工作原理的潜在思维导图，以便用户能够更好地了解软件功能。然而有趣的是，Fuller 发现微软公司庞大而复杂的字处理软件却没有提供任何思维导图帮助，他将这一现象称为"合金"现象，即数字方法已经深深嵌入用户的文化性思维。

软件研究的核心目的是研究软件在塑造当代文化中的作用，需要调查软件如何通过控制我们的所见、所闻与所读来塑造文化。在信息消费过程中，像亚马逊公司的推荐系统是获得读物信息的主要渠道，Spotify 公司的"相关音乐"列表会影响我们所能听到的音乐，而 Facebook 公司的"News Feed 新闻分发服务"则嵌入了我们对世界的理解。这些列表并不是由人类加工和编辑，而是基于用户使用的早期历史记录或者具有相似消费记录的其他用户的历史记录，运用推荐算法自动生成。更为重要的是，推荐与分发算法都拥有专有权并对用户保密，研究者和公众都很难知道推荐系统是如何运转的。虽然有些系统，比如亚马逊公司，可以提供公共的应用程序编程接口（API）来访问它们的用户数据，但是研究者通常还需要通过反向工程或逆向工程，反复测试和分析输入与输出之间的关系，从而推测推荐系统大致的运行机制（参见 Berry 等 2015 年的案例研究）。可见，理解和解释当前推荐系统和社交媒体算法的细节是一项非常困难的工作，但也有一些典型的研究范例可供借鉴。比如，Bucher（2012）发现，Facebook 的 News Feed 新闻分发服务是为了让其他用户能够发现用户个人生成的消息，因而用户必须尽可能多地贡献和共享数据；同时，用户为适应算法的变化，他们也会积极改进自己的行为（参见 Berry 2011，2014）。可以说，不论是知识的生成、分发与消费，还是用户行为的塑造，当代数字文化已经被算法所"设计"。

技术性问题的存在意味着数字人文需要相当数量的、高水平的计算机专家的参与：需要计算机专家提供数字人文开发的技术基础，需要计算机专家建立计算问题与人文问题之间的链接与交互。然而，目前的数字人文研究者却过分倾向于在工具和档案资料方面反复表达他们关心如何开发技术工具，如何有效获取和利用档案资料的忧虑（Gold 2012）。而在数字人文更偏向社会和政治研究的领域却少有研究，或者极少关注 Alan Liu 所界定的文化性批判问题（参见 Liu 2012）。

通过本体以及通过数据库和网络存储数据片段的知识组织方式，与19世纪和20世纪绝大部分时期叙事化的知识组织方式完全不同。叙事化知识组织方法一直是过去知识传递的基本概念框架，不仅在艺术领域，还包括流行文化与大众娱乐领域，故事化方法都是叙事的基本结构。叙述学，作为研究叙事结构的专门科学，出现在20世纪60年代并不是一种巧合（Genette 1980；Todorov 1990；Barthes 1994），叙事批判成为当时理解公共文化的一种方法；只不过当今天的公共文化以数字化的形式存在时，却并未产生足够的叙事批判。

Manovich（2001）曾经提到，新媒体或数字媒体所依赖的数据库，作为一种文化形式，几乎完全颠覆了传统的叙事结构。但是，Hayles（2005）认为 Manovich 提出的数据库的概念过于宽泛，而且几乎将数据库泛化等同为数据，因此 Manovich 的结论并不完全成立。她提出，不是数据库，而是数据空间中采用的概率组合、似然空间等后数字化文化时代的主流叙事形式，对传统叙事学提出了挑战。同时在流行文化中，传统叙事方法与数据描述方法两种方式都是普遍存在的：数据库在流行文化和艺术领域无处不在，即便是非常强调叙事结构的电视和电影，也越来越通过影视数据库的形式被公众所获取。此外，现在电脑游戏每年营业额也已经远远超越了好莱坞电影产业，但是在文化叙事结构中却主要运用不同于传统叙事的模拟与任务叙事结构，而电脑游戏作为我们这个时代的主要文化形式之一，一定会被未来的历史学家视为一种新的叙事形式。同时，社交媒体也刺激了传统媒体一步步融入参与式媒体的变革当中，借助数据库技术和"生产式消费"的内容消费方式，用户所生成的内容源源不断地汇入相应的商业数据库，并在商业用途中被管理、记录或挖掘。不难理解，不仅对于数字人文学科，而且对于整个人文学科来说，理解数据库的应用逻辑对于理解当代文化都将会变得越来越重要。

在过去的几十年中，数字馆藏总量大幅增长。当前，很多机构的数字馆藏动辄是数以百万计的计算资源，比如海量的高清晰图像、音频和视频资料（Manovich et al. 2014，Tifentale and Manovich 2015）。海量的数据资源给数据的组织、存储、检索都带来了挑战。同时，真正的海量数据也为超大数据集的分析提供了可能，"大数据"因而也成了当前很多学科的"战斗口号"：由于计算机变得越来越强大和快速，可以计算和处理越来越庞大的数据量，如来自数百万个观测点的复杂气象数据，或者用不同种类的空间仪器实时捕获的数百万个星系的运动图像数据，或仅仅用数小时来测算个人的基因组数据，与之对应的是人类的第一个基因组曾耗费了科学家十年时间。同时，人文研究者也面临着比十年前大得多的计算化数据——最令人印象深刻的可能是Google图书项目（Google Books）的处理规模。据报道，截至2015年Google图书项目已经收录了超过2 500万本数字化图书（Heyman 2015）。

虽然Google图书项目试图收集并数字化人类所有的印刷版图书的初衷已

经难以实现，但仍然可以基于现有语料库提供类似如 Ngram Viewer 的数字化服务，其中，Ngram Viewer 服务提供了基于语料词频统计的年度出版热词。2015 年，Pechenick 等认为 Google 的 Ngram Viewer 服务的学术价值还有一定的局限性，因为 Google 并没有对语料库的重要性加以区分，而且对词语的上下文也语焉不详，缺乏情境解读。因此，他们认为 Google 图书语料库过度解读了最近 100 年的研究文献。随着图书馆和学术机构面向机构外部研究者和公众开放的资料越来越多，下一阶段数字方法的研究重点将是跨机构或跨语料的资料聚合，这也是当前医学、生物学和经济学领域的大数据项目所极力倡导的方法。数据格式异构性和元数据的非一致性是数据或资料的聚合面临的挑战。正如第四章提到的，数据聚合相关的数字方法再次提出了数据建模标准化和链接数据使用的需求。因此，在数字人文研究领域，计算方法至少包括资料统一登记平台的建构、多源数据库的整合及其相关的元数据设计等内容。

海量资源不仅提供了新的研究设计可能，同时也面临着挑战。首先，正如 2012 年 Manovich 等人所言，大规模数据分析可能会使得许多传统的研究或分析方法失灵。对于人文学科而言，大数据方法意味着完全不同的思维方法、完全不同的分析方法，可能需重新开发或设计统计分析方法来应对大样本甚至全样本分析带来的挑战。其次，在数字人文早期的发展中，交叉学科研究方法也是一个挑战。正如在第二章所提到的，数字人文研究存在计算机学科（包括从事统计学等量化研究的研究者）与人文学科的研究方法和知识的频繁、良性交互，不仅推动了全新研究项目的开展，而且带来了高度融合的新知识与新方法。此外，随着当前数据所能发挥的作用显著提升，数据科学与人文学科的合作范围、深度和紧密性都需要进一步提升。首先，需要解决数字人文研究的技术架构问题。传统上使用的关系数据库（参见第四章）因运行太慢而不能用来分析真正的大型数据集，因而提出了并行计算网络的建设需求，也即"大规模并行软件"。而大规模并行计算在运算能力，尤其是在计算设备和经费预算保障上，都超出了目前很多数字人文方法的范围。其次，要充分挖掘大数据的潜力，充分发挥大数据价值，必须在前期进行大量投资。要达成上述目的，数字人文研究者就需要不断学习各种与大规模计算相关的技术方法，并将数据作为下一世纪研究基础设施的战略高度进行总体考虑。

海量数据集的计算方法使得大尺度地研究问题变得更加可行。比如2013年Moretti首次提出的遥读挑战："世界文献研究意味着什么？我们怎么去开展这项研究？……似乎研究者对世界文献范围大小的选择与研究者到文本的阅读距离是直接成比例的：项目所涵盖的文献范围越广，那么研究者与文献的阅读距离应该越远"。作为常识，世界上没有任何人有足够的时间来阅读所有的图书，以至于这个问题必须通过"代理人"阅读的方式才有可能解决：比如历史学家可以代替公众进行大量历史文献的阅读。在早期研究中，Moretti也是量化史学研究领域的"代理人"，但现在Moretti已经是数字计算领域的"代理人"了，可能不久的将来Moretti会是"遥读"领域的"代理人"。这意味着"阅读者可以聚焦到比文本更小或更大的领域，诸如网络服务机构、主题、动向，或者流派和体系"等。遥读是数字方法的一个典型案例。如果仅考虑一部小说作品，小说的阅读可能会关注到小说中的故事主线或独特细节；如果考虑成百上千部小说构成的作品集，人们就很难关注所有小说的独有细节了，可能更多地会关注小说集的共性。这就要求从更大的视角来审阅这些作品，如流派或主题和时代，或再次抽象到更小的分析单元，比如检视所有小说中的叙事风格，如运用计算机分析特定的词语或短语的使用。

　　在下一章，我们将进一步讨论数据交互及其与数据出版的关系。通过数字方法所体现的诠释学和方法论与数据交互存在密切的联系，数据交互甚至会抽离于底层的计算过程，比如文本和素材本身可以通过可视化技术、看板系统和其他新的界面交互01技术，带来全新的诠释方法论和表达效果。

第七章
数字学术与界面批判

"图表使统计信息具体化，使它看起来很确切……大多数人文学者毫不犹豫地向其社会科学或自然科学领域的同事表示在制图过程中愿意使用标准公制，并愿意遵循传统惯例。"
（Drucker 2012：89）

无论是过去还是现在，人文科学都与文字、图片息息相关。在后数据时代，这些图片和文字均以数字化形式呈现，数字化内容不仅包括数字档案中的文字、图片和考古发现，还包括了相关研究成果和讨论文稿，以及当代传播媒体上的内容。渐渐地，我们已经习惯在专业工作和私人生活中运用信息技术进行沟通，在计算机界面上阅读、观看、研究、对比、写作与交流。我们在这本书中讨论了数字人文需要扎根于人文传统，与计算机和信息科学积极对话，并深入理解计算机技术。为了实现这一目标，批判性地思考我们使用的计算机技术是关键，包括"界面技术"，因为我们大部分工作都需要在计算机屏幕上完成。在这一章中，我们讨论了人文学者对现代计算机界面的批判，以及这些批判是如何影响我们的思维与理解力的。计算机系统设计者竭力去更好地了解他们的系统如何影响其用户的生活和工作，例如"观感"的美学特质带来的影响正变得越来越重要。人文学者所使用的方法无疑可以帮助我们理解这些作用。事实上，我们在下文中也将讨论到，数字人文学者需要参与到一些重要的设计项目中，他们可以给现代计算机设计提供一些不同的方案。对很多数字人文学者而言，批判性地参与界面设计工作可能和他们的日常工作相距较远。为了更加全面深入地探讨这个话题，我们首先选择了一个与所有学科的学术研究都十分贴近的话题：数字学术出版。

现在我们都用数字化的形式搜索、查找、阅读和出版研究成果，这一变化推动学术有了一些新的发展。我们会首先讨论开放获取，这是近年来最为人所知的变革，继而我们将探讨同行评审和开放评审，最后我们会展示一些新的关于数字化的学术讨论，以期论证在过去的十年中，数字界面已经成为学术工作中如此不可或缺的一部分，我们有必要分析其运作过程。

在 20 世纪 70 年代，Ted Nelson 和 Frederick W.Lancaster 都发表了文章，提出了这样一个美好设想：未来研究人员可以在大型计算机网络中存储和检索学术研究文献（Nelson 1974；Lancaster 1978）。在随后的几十年间，人们构建了存储计算机文本的科研机构库，Nelson 的设想成为 Tim Berners-Lee 构建万维网的直接灵感来源，起初他希望构建一个存储科学文献的图书馆（Berners-Lee 1990，1994）。正如我们所知，Berners-Lee 的发明将互联网带到了世界的千家万户，学术写作也因此转移到互联网阵地上来。首批互联网期刊在 1994 年和 1995 年出现，如 *Journal of Digital Information*（JoDI），*Postmodern Culture* 和 *First Monday*，也正是在这两年，互联网成为发展的主流。10 年之后，学术出版转移到线上，超过 90% 的期刊都可以在线获取（Fagerjord 2014）。这对某些学术出版行业产生了深远的影响，可能对一些自然科学期刊以及部分与数字文化有关的人文科学期刊的影响最为明显，如 *Computer and Writing Studies*。这些变化慢慢渗透到其他学科。期刊正在逐步走向开放获取，开始试行一些替代同行盲审的审稿方式，同时也引入了新的学术写作形式。

如今大多数期刊仍然是由大型出版社发行，期刊订阅费昂贵，多数情况下只能供高校研究型图书馆用户使用。然而，越来越多的期刊跟随 JoDI 和 *First Monday* 的步伐，步入开放获取的行列，任何拥有浏览器的用户都可以免费阅读这些期刊。许多人认为，出版商收取的费用其实是在压榨学术机构，因为电子期刊没有印刷和邮寄成本，作者与审稿人也没有获得报酬。诚然，出版商确实需要编辑和设计版面，同时还需要确保稿件在审稿人和作者之间正常流通，在此过程中产生的费用并不足以解释过去十年 10 期刊订阅费用如此急剧上涨的原因。一些基金组织，如英国研究委员会（比如 ESRC 和 AHRC）现在鼓励被资助的科研人员将学术作品开放出版，并要求他们将文献存储在公共机构仓储库中，因为基金组织已经为研究项目和评审人员提供了资金。在多数情况下，出版商可以为这些文章免去获取费用，这就意味着学术出版的成本是有协调空间的。但这本书里我们要讨论的不是学术出版的资助问题，我们关注的是一个显而易见的事实：开放获取可以使得更多的研究成果面向公众开放，这符合 Nelson 和 Lancaster 提出的愿景。即便如此，我们也需要强调，我们坚决捍卫科研人员选择学术作品出版方式的自由。在我们看来，强制开放存取是一种倒退并且会破坏这种自由。

开放获取也是一个自然发展的趋势，在此之前，精通计算机的研究人员运用电子网络以数字形式传播他们的著作。Odlyzko（1999）记录了科研人员在互联网出现之前是如何运用邮件传播数学领域的新发现的。在网络上，很多学者经常无视与期刊的版权协议，建立网页以开放共享他们的成果，其中包括预印本和已经出版的学术作品。[1]

这一开放学术成果的实践已经开始机构化：大学正在逐步建立机构仓储库，让员工可以在版权许可协议范围内开放共享其文稿。而近年来，随着针对科研人员的社交网站的兴起，开放存取的自动化进程得以进一步发展。当作者们在 academia.edu 这样的学术网站上注册时，计算机就会自动抓取他们的作品，并将它们复制到个人主页中，其他感兴趣的作者可以订阅这个个人主页。

开放获取一直是数字人文的重要战斗口号。这在学术出版（绿色开放获取和金色开放获取）、开放存档和开放数据中都有所体现。[2]与传统人文科学以及问题日益增多的出版业实践相比，数字人文将自身摆在先进前沿的位置对其发展更有益。然而，数字人文之于开放获取和开放资源的价值可能与一些学术规范相冲突。

开放获取对数字人文也很重要。开放获取使数字人文和开源资源紧密相连，也使数字人文卷入到了科技圈关于"开放"技术、"封闭"技术价值的争议之中。这在 Google 公司、微软公司关于新经济世界的辩论中也呈现出来，Google 很自然地对开放存取作品有着浓厚的兴趣，而对非传统的、不可获取的、出版社出版的作品则并未过多关注。Google 等公司同样十分热衷于支持一些数字人文项目——尤其是与大数据有关的项目。

数字出版同时还允许数字人文创建如 *Journal of Digital Humanities*、*Vectors*、*Amodern* 这样发表周期短、响应速度快的开放存取期刊，这帮助数字人文规避了一些学术出版的问题。这些新期刊发表一些非标准式作品，如技术性书籍和斯坦福文学实验室的"小册子"。我们相信数字人文正在按照康奈尔大学机构仓储库 arXiv 的理念发展，五门量化学科的研究人员经常是在正式出版之前就已经将其作品存储在 arXiv 中了。依 Fitzpatrick 所言，"越来越多具有影响力的论文仅在 arXiv 服务器上发表，arXiv 事实上已经替代了期刊在物理学某些专业领域作为最基本学术交流模式的地位"（Fitzpatrick，2010）。书籍在被印刷前也已经开始传播了：Manovich 的 *Software Takes Command* 一书在 2013 年被麻省理工学院出版社正式发行前已经以电子文档的形式在学术界传播了很多年。一个名为"书的未来"的机构创建了一种叫作"CommentPress"的插件，可以嵌入到网络流行出版系统 WordPress 中，这个插件是为像书那样篇幅的长文本而设计的，读者可以针对其中的任何一个部分发表评论，不论是整个章节，还是单个段落。在这个系统中有名的著作包括 McKenzie Wark 的 *Gamer Theory*（2007）、Fitzpatrick 的 *Planned Obsolescence*（2011）和 Jason Mittell 的 *Complex TV*（2015）。

CommentPress 和 arXiv 开创了一个先河，出版物不仅可以是开放获取的，而且还绕过了传统同行评审。还有很多其他的例子。在准备这本书的过程中，我们参考了科研人员个人主页上的众多文献，但很多文献都难以辨别其出处。它们中的很多已经被发表在同行评审的期刊上，但还有一些是从未在其他地方发表过的原稿或博客文章。在这种情况下，我们便成了评审的同行。我们基于自己的判断决定引用这些网页，因为我们觉得这些网页中的论证是十分有说服力的。我们相信我们在评价博客文章的时候是十分审慎的，正如我们在评审期刊文章时那样（尽管博客的作者并不是匿名的，这与我们送去评审的文章的情况不同，如果我们觉得某个作者的早期作品有说服力的话，我们在做判断时可能会受到其思想的影响）。许多人仍然认为同行评审是学术评议最重要的一部分，但是同行评审现在饱受争议。

在回顾同行评审的历史时，Drummond Rennie 发现，让大量匿名的、知识渊博的同行去判断科技或学术报告质量的想法源自 1731 年（Rennie 1999）。[3]然而，在 19 世纪，很多编辑都不相信同行评审的有效性，所以直到几十年后第二次世界大战结束，同行评审才成为大多数期刊评审的惯例。现今，很多科研人员将同行评审作为研究结果有效性的最佳保证。而后，令人瞩目的是 Jefferson 等人提出同行评审（在医学领域）的目标是不明确的。他们认为同行评审主要的目标包括：（1）为期刊出版物选择特定的文章，拒绝那些不相关、不重要、说服力弱、误导性的或者潜在有害的内容；（2）增加文献的清晰度、透明度、精确度以及实用性。该研究得出结论，现有研究未能发现同行评审能够实现上述两个目标（Jefferson et al.2002b；Jefferson et al.2002a）。Rennie（1999）也已经积累了大量的研究，证明同行评审经常不能发现文章中的错误和失误，并且它常常是不公平、缺乏系统性的。除了速度慢、花费高，同行评审还是十分保守的，会扼杀一些创新的或者有争议的研究结论。期刊编辑严格要求作者论证自己的观点，而对同行评审人员的论证要求则不如对作者的高。即便如此，评审人员的观点却往往被认为比作者的更重要。当被拒稿时，作者往往会忽略评审意见。Rennie 认为，匿名的同行评审也是缺乏职业道德的，因为它会削弱评审者的责任感，使他们常常发表刻薄的评审意见（类似的观点可参见 Godlee 2000）。意识到这个问题的存在，权威期刊 *British Medical Journal*（BMJ）于 2014 年开始实行开放的同行评审，要求评审意见署名，与编辑的决定通知信、原稿的所有版本一并开放在网站上："BMJ 进行的随机对照试验发现，自千禧年以来，在不损害科学和编辑价值的情况下，取消匿名制使评审意见的语气更加缓和，内容也更富建设性"（Groves and Loder 2014）。

Rennie 认为 BMJ 的这一做法是正确的。而 Fitzpatrick 认为，虽然开放式讨论是使学术圈蓬勃发展的必要条件，但是，由于在同行评审前，作品经常会在会议、博客和机构库（如 arXiv）中公开，所以出版前的同行评审已经发挥了作用。她推荐的解决方案是在出版后进行同行评审。有趣的是，BMJ 也在其在线期刊上提供了限制性评论功能，其中一些文章（尽管是少数文章）可能会吸引到数十篇长篇评论。

Fitzpatrick 主张采用开放式出版系统，在这个系统中，作者和读者可以进行热烈讨论，算法则根据评论数量、"支持票"（如 Slashdot、Digg 或 Quora 等系统中那样）、链接或其他感兴趣的标记来进行排序并筛选出最有趣的文章。我们相信未来很可能会开发出这样的系统，但可能不会像 Fitzpatrick 所提出的那样仅采用一种评价体系。鉴于目前已有许多不同的研究传统、职业资格证书制度、任职和晋升规则、体裁和出版系统，仅仅采用一种方法对文章进行评价似乎不大可能。由于互联网具有人人随时都可以发布信息的特质，新的出版系统很可能会出现。CommentPress 是一个非常罕见的能够评论文章每个段落的系统，其设计旨在为学术争鸣、为看似数量有限的目标群体用户而服务。随后，*Medium* 出现了，这是一个由长篇写作的作者构成的网络，同样，它因为段落评论功能而迅速流行起来。

目前研究学者与出版物数量是如此之多，任何人都不会仅仅跟踪某一领域的研究动态，即使如此，最好的、最重要的作品仍然可以被人们辨识和发现。当前确实存在许多不同的方法可以使文章浮出水面并获得广泛关注，不仅仅只有将文章发表在世界著名期刊上这一种方法，这些期刊只有那些最富有的大学才有能力订阅。数字人文必须认识到这一转变，并使用网络化工具开展更好的出版工作，包括开放获取、开放评审和公开发表后的开放讨论。这样的系统只有在争论和评论本身得到认可时才有用，例如，某个学术职位遴选委员会会在他们的评估中考虑候选人在在线论坛中所发表的评论。

数字出版使得开放获取和开放评审成为可能，但它也同样激励着作者进一步思考他们发表的内容。数字学术不仅仅是一些数据收集、数据分析的方法。对于大多数人文科学而言，研究就是写作，通过对早期作品的探讨与争论形成新的见解。由于现在的人文研究写作是采用数字化的方式，我们可以看到一种新的写作方法的轮廓，这是一种成熟的论证形式。我们认识到学术交流的范围发生了变化。"原生数字"和不断重组的研究方式创造了一个不断改变和发展的档案库。这场对话的本质即"学术"已经不再局限于期刊文章和专著。

多媒体的使用就是一个典型例子，如使用音频、视频来论证和展示论点。纸质期刊只能在有限范围内使用插图和照片。而数字期刊则为图像（含彩色图像）、音频、视频提供了更多的使用空间。一些在线期刊还使用平面设计元素来佐证研究人员的论点。

创刊于1996年的*Kairos*是一个"旨在探索修辞学、技术和教育学的交叉点"的期刊（关于*Kairos*创刊日期不详）。它只在线上发行，并发布"网络义本"，"网络文本"是一种数字化写作方式，具有印刷式写作无法复制的特点。该期刊的编辑既鼓励非线性超文本写作，也鼓励图像和排版印刷的使用，这就意味着没有一篇文章看起来会是一样的。*Kairos*已经连续运营了20年，它不仅是网页写作的一次成功尝试，也是网页设计发展的成果，因为越来越多的作者更加注重让自己的作品看起来像"专业的"网页。*Vectors* 是另一个电子期刊，它出版了大量非线性学术作品。过去，*Vectors* 从选定的作者中征集作品，并且与多媒体设计师合作创建"项目"，"项目"即作者的作品。

　　Vectors 和 *Kairos* 的作者都在作品中使用插图和平面设计，并产生了良好的效果。作者使用排版、色彩和布局来表达作品的结构，并强调作品的论点。这是通过 James P.Purdy 和 Joyce R.Walker 所描述的"正式制定"和"隐性关联"来实现的（Purdy and Walker 2012）。所谓"正式制定"，是用作品的形式来证明你的论点。例如，一篇关于在教室中使用 Facebook 的文章可能被设计为看起来像 Facebook 动态消息（Facebook feed）的文本（Balzhiser-et al.2011）；一项关于"弹性电影"的研究可能以"弹性文本"的形式展现，"弹性电影"是一种可长可短的电影类型（Fagerjord 2005a）；而 Melanie Swalwell 为 *Vectors* 所写的关于计算机游戏的作品则必须像电脑游戏那样可以"玩"，而不是"读"（Swalwell 2006）。另一种使用布局和颜色的方式则是创建一种与主题相匹配的视觉风格，正如 Scott Nelson 等人所写的有关教学游戏的文章（2013），其中背景故事的一部分发生在 1916 年。这篇文章的字体采用了 20 世纪 20 年代的经典字体，背景是经年累月逐渐泛黄的纸张，全文用棋盘游戏和纸牌来说明。从内涵上看，这篇文章的视觉设计既介绍了历史年代，也介绍了将游戏作为教学工具的理念。

　　正如我们前面所讨论的，许多人文研究主要依赖专著，而不是期刊文章。然而，学术书籍的出版正处于危机之中。许多专著出版都陷入了这样一种运行状态，即仅印刷几百本书，几乎没有人购买，而阅读的人更是少之又少。Pochoda（2013）将学术出版描述为"普罗克汝斯特斯之床"，学术出版要求这些作品必须是 6 000~8 000 字的论文，或者是 80 000 字以上的专著。

他认为，数字出版系统没有必要在这两个极端之间做出选择，作者可以选择适合作品主题的篇幅及处理方式。然而，我们不能过于简单地认为当前这种出版形式仅仅是受到纸质出版的影响。人们可以打印任意数量的页面并将其组合装订，并且现在就有很多很薄的书被印刷出来——其中一些甚至备受欢迎。广泛的体裁则更可能是有效的解决方案，它们往往可以帮助我们在长篇幅和短篇幅之间进行平衡。若作品较短，人们便有时间阅读；若作品足够长，作者便能够展开详细的说明，提供大量的细节以支撑结论。Pochoda 正确地提出了若我们采取数字出版，则可以使用其他的形式展示作品内容。科学期刊在逐渐缩短作品篇幅的同时，也在某种程度上逐渐延长作品篇幅。一方面，一些期刊（如 Cell）使用适用于幻灯片放映（PowerPoint）的"可视摘要"，或者是像 BMJ 使用的"已知内容"和"这项研究新增的内容"的总结，这些方式可以帮助那些繁忙的读者更快地浏览作品的结论。另一方面，这些期刊越来越多地添加大型表格、图片甚至是论文所链接的数据集，从而使读者可以进一步查看细节（Fagerjord 2014）。这种极致压缩作品的形式，如可视摘要，虽然可以在某些学科中发挥作用，但在很多人文学科中却收效甚微。Thompson 总结说这是两种不同的写作方式。一种是"离散结果"，在科学学科中占主导地位，这些学科的研究成果常以期刊论文的形式发表。我们经常可以发现其标准的写作大纲。例如，简介、材料和方法，以及结果和讨论（IMRaD）。而"连贯论证"则是大多数人文学科所采用的形式，特别是有时需要通过一篇文章甚至一本数百页的书来连贯论证（Thompson 2005）。很少有哲学类文章或专著可以以"这是我们所知道的，这是新的内容"这种格式来总结研究结论。然而，这并不意味着人文学者不会尝试由电子媒体所带来的新可能。恰恰相反，人文学者早就接受了网络，并开始尝试用结构化方式和多媒体来展示研究成果。

在 20 世纪 90 年代网络出现之前，超文本学者就对新的非线性学术写作充满了期望（例见 Bolter 1991； Landow and Delany 1991； Lanham 1993； Landow 2006）。著名作品也以超文本的形式在网络上发布，例如 George P. Landow 的 *Victorian Web*（Landow 1994），这是一个关于维多利亚时代的在线文章合集；*Sprawling Places*，这是由哲学家 David Kolb 编写的、有着书籍篇幅的超文本（Kolb 2005）。这两个例子代表了人文学科使用超文本的两种不同办法。*Victorian Web* 是一个在线短文集，不仅在许多方面与数字图书馆和数字馆藏类似，也和一些在线期刊有几分相像，因为这些在线期刊也能够实现文章之间的链接，但该短文集的每篇文章的标准长度要比期刊论文的更短。该短文集是经过组织化的；文章内容放置在一个层级结构明确的目录中，并有相应的导航链接。它就像维基百科（没有百科全书式的短文），但它创建于将近十年之前。另一方面，*Sprawling Places* 是一部由同一个作者完成的内容连贯的作品，遵循的是连贯论证的传统，但是该文作者拒绝仅有一条主旨线，而是让读者遵循不同的轨迹阅读。

与我们在前几章中所讨论的数字馆藏相比，这些项目微不足道，但它们指出了一个有趣的方向：当档案馆、图书馆及其馆藏是数字化形式的时候，科研人员可以在此基础上开展他们的研究工作，在文章中链接数字资源，使读者能在论文和资源之间流连。

如前所述，万维网最初被设想为科学论文的超文本存储库，在这个存储库中，文章间的超链接应该使浏览文献的速度快如闪电（Berners - Lee 1990）。历史表明，网络可以用于许多其他目的，但是版权问题、经济利益、传统文凭与声誉却延误了真正的、全球性的学术工作网络的形成。我们逐渐向作为存储库的网络靠近，至少目前在具有较好图书馆的研究机构中，研究人员可以从中获取世界上大部分研究期刊，并从网络浏览器中获取许多专著。正如许多人所相信的那样，如果开放获取出版成为常态，这将意味着文献引用不再需要在文章末尾附上参考文献的链接，而是可以将所引用的文献作为一个整体从文章中提取出来。人文学科与自然科学学科的区别之一在于，新的人文研究并不一定取代之前的成果。而自然科学的进步有赖于日益精准的预测与计算，虽然尊重早期研究，但是新的研究仍然会将之取代。人文学科并不涉及计算和预测，而是侧重于解释和论证。我们将新的研究成果加入到知识体系中，但不一定取代之前的研究。亚里士多德和苏格拉底仍然是哲学体系的重要先驱，人文学者总是花很多时间泡在图书馆。如今图书馆创建了现代学术超文本，便于读者通过链接阅读到早期作者的文章。而这很可能会带来不同的写作风格。

与此相似，越来越多的科研人员将数据集开放并将之视为学术规范。甚至大型数据集都可以在线发布并供读者下载。随着现代网络技术的进步，将数据集嵌入文章正文中也是可以实现的，读者可以在阅读的同时计算数据。我们前文所探讨的作品 *Vectors*（Fagerjord 2014）便是一种用动画和可扩展标记语言（XML）生成的数据库或作品集，作品界面上提供各种工具，帮助读者实现导航。从学术出版角度而言，这可以被视为一种"展示"而不是一种"陈述"：至少在 *Vectors* 中，许多作品没有明确的主题或结论，读者仅仅知道一个中心思想。在一篇发表于爱思唯尔（Elsevier）的在线试验型综述文章中，Gardner 等人（2010）对353篇已阅读文章进行编码，这些文章均出自 *Leadership Quarterly*。所有的编码数据集都可以通过文内的表格获取，该表格对历年不同类型的文章进行了整理，每个单元格附有一个超链接。若读者点击了2000年的单元格，会出现11篇理论文献，并且还会出现一个参考文献列表以及这11篇文献的链接。数字人文已经生成并将继续构建数字在线馆藏，馆藏内容包括作品、范例以及数据。在未来，这些将关联到我们的学术论文及专著中，读者们通过文内的图示和表格进行检索与聚合。

从这一点看，我们希望人们将数字人文视为一个研究领域并关注其理论视角。例如，从很多方面看，我们都处于一个关键转折点，要去思考数字人文项目及其与数据量之间的关系。确实，数据量是人文学科知识探索的新视野。但是数据量不仅作用于数据获取，亦对获取科研项目、文献及文本产生重要影响。

电子出版对学术传播产生了深刻的影响，它激励着作者创造和使用超越文本的新符号，一种非线性的、篇幅灵活的格式，同时它也鼓励作者们将自己的论述呈现在规模各异的嵌入式数据库中。本书反复提及数字人文学者需要了解并批判计算机技术，而我们这里用于提出和发表学术观点的技术也无法免遭批判。

我们还需要认识到以上我们所讨论的内容是文本表现形式方面的变化（这里可以更广义地理解为声音与图像、静态与动态），同时我们也探讨了读者是如何利用计算机控件重新编排数字文本的。这些在计算机科学中均属于对界面的认知。因此，研究上文所探讨的转变即是研究数字学术的界面。在第三章中，我们已经探讨了计算机素养，而这也必然包括界面素养，界面素养深深地扎根在人文学科及其文本、视觉批判的传统理论中。

目前，关于用户界面的主流观点认为，界面应该是简洁、直观的，应便于用户使用，我们也应该认识到界面与其他事物一样也具有一定的发展历史，也可与之前的设计方式不同。我们所熟悉的图形用户界面（Graphical User Interface，简称 GUI）是基于 Douglas Engelbart Augmentation Research Center 实验室的早期成果，它是通过 20 世纪 70 年代位于加利福尼亚州的 Xerox Palo Alto Research（PARC）实验室中的同仁不懈努力发展壮大起来的（Moggridge 2007）。它的核心原则是只学习其中小部分的命令。在一些需要输入命令的界面，如UNIX或LINUX中，用户需要学习烦琐的命令词汇，并且需要键入长串的命令才能得到想要的结果。而GUI会在二维空间内将可用命令展示在可用操作列表中和可用文件集合中。用户使用诸如鼠标等点击设备或者在触摸屏上用手指选择可用命令。下拉菜单就是一个很好的列表例子。它们简化了工作流程，原本需要在许多图形实体上完成的操作如今可以通过一键式操作（单击）实现，或者仅需要通过键盘上的辅助键完成，如Alt键、Ctrl键。

在计算机领域的文献中，GUI经常被描述为"直观的"。我们人类可以非常"本能"地了解如何使用GUI。设计人员认为在设计界面时没有什么是比"不需要指导就能使用"更低的要求了。然而，这种所谓的直观性其实是一种错觉。界面一直都是一个需要学习的符号体系，而人们也明白有时习得这些会比其他人（软件销售人员、你的老板、你的赞助商）所说的要艰难数倍。至少，用户需要学习如何操作点击设备，点击（或敲击）打开菜单和选择菜单项。双击点开文件夹，文件夹会包含文件，"拖拽"文档至文件夹甚至程序等诸如此类的常用操作都是用户需要学习的内容。

计算机界面是一系列符号代码，向用户传递计算机程序的运行及其状态，用户可以输入数据，然后浏览运算结果。由此我们可以推断，界面形成了我们对底层机制的理解。正如Kirschenbaum所言：

> 界面的定义通常会在我们脑海中唤起关于"表层"或"界限"的画面，在这个画面中两个或更多的"系统"、"设备"和"实体"进行"交流"与"互动"。尽管这些术语提出了空间性阐释，但是大多数界面也包含了时间性、触觉性、认知性元素。汽车的方向盘、摄像机的控制板、门的把手都是我们日常生活体现这些维度的例子（Kirschenbaum 2004：523）。

它既是一种物质维度，同时也是一种现象维度。[4]当然，Norman 认为"'界面'的真正问题在于它只是一个界面。界面是一个妨碍因素。我并不想把精力放在界面上。我想集中精力工作"（Kirschenbaum 2004：523）。

认为 GUI 清晰、直观甚至是透明的观点是经不起推敲的（Bolter and Grusin 1999）。Manovich 指出，界面不但不是透明的，反而会引导并控制我们对计算机及其工作原理、计算机程序及其作用的理解（Manovich 2001：65）。根据 Manovich 的研究，世界上是不存在中性编码的，任何界面上的标志都将影响我们对计算机的看法。通常，用户们并不具备检查代码的能力，因此无论他们了解多少计算机运行方面的知识，他们都需要根据用户界面进行推理。通过使用用户界面，他们在意识中构建一个模型，分析系统是如何工作的，而这个模型并不一定会与系统的实际运行相一致（Norman 2002）。一个计算机系统通常是一个"黑箱"，与其他黑箱一样，需要通过反向工程进行彻底检验。

Manovich 的论述非常有道理，因为 GUI 可以帮助用户在意识层面构建一个模型，分析计算机及其程序。问题在于这个模型是否能够充分地帮助用户操作计算机。Manovich 认为图形用户界面是一种现代主义理念，因为它是高效且明确的，他似乎推断出它是比后现代主义逻辑逊色的意识形态（2001：63）。因为 Manovich 没有给出替代 GUI 的其他方案，所以我们很难描绘出后现代主义界面的模样。在现代的图形用户界面，如 Windows、MacOS、Ubuntu 中，它们的文件体系是文件夹包含文件，文件夹嵌套文件夹，有时文件夹也会被放在其他的"容器"中，如"回收站"或一个可移除的存储驱动设备。这种文件的分层机制是文件体系中非常有标志性的图像化表现方式（参见 Peirce 1998），类似于 UNIX 系统的计算机命令行界面。我们很难看到桌面上的标志是如何指导用户形成对这一分层机制的不同理解的。在图形用户界面中，移动文件图标便可以移动文件位置，也可以把文件"放置"在"文件夹"中。除了移动文件位置，图形用户界面提供了更多、更加强大的工具以实现移动、复制、移除文件等功能，并且可以更改用户获取文件的权限，但是这些都与Windows中的文件操作方式较为类似。

因此，Manovich写道，计算机界面发挥了符号代码的功能，"它们用多种媒介承载文化信息。当你使用互联网时，你所获取的一切事物——文本、音乐、影像、可浏览空间，它们都会传递到浏览器界面，然后传递到操作系统界面"（2001：76）。在这里，我们需要特别小心，不能将界面、"内容"（如文本、音乐）以及符号代码混为一谈，它们是三个完全不同的实体，事实上这也更有助于我们理解。

想象一下在电子阅读器中阅读一本书。为了翻到下一"页"（实际上是下一"满屏"的文本），用户会触碰屏幕的右半面。用户交互的界面是隐形的，它本身只是一块玻璃，覆盖在文本文字之上。然而，对于一个程序员而言，文本也是一个界面，它是一个请求结果，这个请求是用全文中的某一部分覆盖屏幕。这一部分文本中或许还会有一个画了线的文字，是用来转到文章其他部分的链接。划线文字是一个命令界面（用文章的某个部分填满屏幕），而与此同时，读者正在读的文本，也正是前一个命令的结果。虽然这种双向功能在界面/系统模型中很难表达，但是用符号性术语解释起来却很简单：在两种不同的编码中，划线文字同时被编码成一种符号（Fagerjord 2003）。作为文本的一部分，文字是一种英文符号，而下划线是命令存在的标志，即用文章的另一部分替代当前部分。可是具体用哪一部分替代呢？那就是第三个代码：那些加了下划线的文字指明了链接的另一端是什么。如果是作者的名字加了下划线，就很有可能是链接到该作者作品的参考目录。如果是一个章节名或图表名加了下划线，链接就会使读者看到这个章节或图表的具体信息。同时，因为这些加了下划线的文字在一个段落中也是有含义的，它们在那篇被链接的文章中也是一个标志。作为读者，我们无法同时看到这三个代码，我们不得不在它们之间徘徊，就像我们观察Wittgenstein所提出的鸭兔图[①]一样（Wittgenstein 1997）。从某种意义而言，界面缓和了从模型视角看待界面操作的争议。符号学为探讨用户界面的细节提供了一系列极其细致的分析工具和词汇，它可以帮助我们理解Manovich（2001）所提出的"文化界面"。

界面正是我们所说的*计算虚拟*的实例。如果我们想把注意力转向普适计算及其与设计、界面模式、材料技术之间的重要关系，而非着重关注计算虚拟所具有的纯粹的政治、经济驱动力，这种虚拟便十分重要。所谓的纯粹的驱动力包括如锁定、数字媒体的生态理念和平台霸权等（参见Maeda在2015年关于以设计驱动工业增长和竞争重要性的讨论）。然而，技术设备的物质性对于理解现有的技术性虚拟仍至关重要。正如Drucker指出的，"图表使统计信息具体化，使它看起来很确切……大多数人文学者毫不犹豫地向其社会科学或自然科学领域的同事表示在制图过程中愿意使用标准公制，并愿意遵循传统惯例"（Drucker 2012：89）。这同样适用于界面技术的应用，同时，也可适用于一些与编程行业标准技术有些许差异的实践，其中有许多都源自行为经济学、心理学、劝导技术这些弱化了人的概念的学科。

在思考数字人文时，着手分析界面、交互点（例如屏幕）或者底层机制的等级（例如数据库格式、编码模式等）是非常吸引人的，后者是出于不同

---

① 译者注："鸭兔图"是格式塔心理学的典型例证。心理学家J.Jastrow在其《心理学中的事实与虚构》中画了一幅既像鸭头又像兔头的图形，并以小孩为对象进行实验。实验发现，人们在不同情境下会看到不同的事物。该实验表明知觉并非纯粹的感觉。

设计层的考虑，其目的是描绘分析界面层和机制层之间的区别。然而，协同考虑界面层和机制层是非常重要的，因为软件所支配的是一个调解协议的不透明机制，它不能被直接体验，也不可能通过社交媒体被体验。在屏幕之下，有不间断的处理流，有移动和轨迹，它们都会被追踪和计算（参见Berry 2014：69）。

在第三章中，我们提出分层是计算思维的核心概念。计算机体系结构就是这样一个例子，它被认为是系统之上的系统。硬件是更低的层次，再往上则是软件层。随着我们对系统堆栈的改进，代码阅读起来更像自然语言，因为计算机执行所需的许多分步被下级功能所处理。Scott Dexter（2012）认为这是一种隐藏行为，每个级别都隐藏了下级功能。另一种思考角度就是将之视为一种简写：高级语言中的命令是在汇编代码中编写一系列步骤的简写，因此速度更快。这就是Kittler的著名声明"没有软件"的含义（1995）：每个命令被不断向下翻译，直到到达硅电路中的逻辑端口为止。[5]

数字的表层——或者说交互层——十分重要，因为它为我们与这些技术的交互奠定了基础。这些界面不仅通过查询、检索、导航等响应我们的问题，在设计上它们也越来越直观、智能化，还日益注重情景、美学、潮流和愉悦性。现代界面不仅经常猜测我们的意图，还会邀请我们扩大使用，甚至塑造我们思维旅行的方向。然而，这是对计算机总体结构的简化，它突出了界面（商品）与代码（机制）之间关系的基本维度。正如Kirschenbaum（2004：524）所言，"界面不仅在概念层面十分清晰，在*计算层面*也十分清楚"。如果我们想要把界面*作为*界面来推动界面批判，我们不仅要把界面视为计算机制的一个面或表层看待，还应当将界面视为离散的计算形式本身[6]。界面本身就可以被视作机器。

界面/机制分离的另一个方面是硬件和软件方面都可以有迅速的变化。

通常情况下，用户不会注意到太多设备可用性方面的差异，但是界面需要考虑到平面的稳定性或者至少需要考虑快速变化的技术和用户的技术体验之间更松散的耦合。当前的大规模用户系统总是处于开发状态，业内称其为"永久测试版"：一个系统是永不结束、永不固定且永不完成的。随着迭代周期较短的开发技术（例如"敏捷计算"）的普及和"服务导向架构"的应用，即使是正对数千甚至数百万用户开放的系统，也处于持续开发状态。Facebook 的新特征通常会面向特定用户群，因此你的 Facebook 页面可能看起来与我的不同，并且拥有一些独有的特征。Google 公司和其他公司因为不断的"A/B"测试实验而知名，在实验中，不同用户被随机分配到同一服务的不同版本，工程师们通过统计工具研究他们的使用情况并确定哪个版本表现最佳（Levy 2011）。

过去常被视作计算设备上的一层薄膜的界面，正逐渐从计算设备、对象、实践和处理方法中延伸出来，演变成我们所说的"*连续界面*"（参见 Berry 2015b）。我们基于连续计算的概念提出连续界面，随着越来越多的普适计算被嵌入到设备中，而这些设备与外部环境的关系紧张，如苹果公司新的连续性技术（苹果公司 2015），我们常用连续界面的概念来讨论普适计算的嵌入方法。"连续"指的是随着时间推移某事物始终不间断的、一贯的存在和运行，也是面向媒体持续传播的一种表示，即在电影或广播场景中保持连贯动作和在细节上保持一致。例如，Thomson 认为，开启新的连续计算领域需要以三个因素为基础（改编自 Thomson 2015），包括物理设计、交互模型以及能够与环境进行交互的技术设备。

界面体验作为社会文化生活的媒介以及一种概念性方法，能够帮助人们跨越机构、跨越不同研究领域理解技术边界，近年来界面体验也得到重视与加强。它包括个性化技术的微观层面，如手机和其他个人技术，它们使计算跨越了生活、个人经历和社会属性。这是Berry在其他地方探讨过的问题（Berry 2011，2014），它涉及交互操作、目标导向的内部/外部计算和技术设备间互通的范式等问题，这些问题现在似乎开始通过扁平界面所提供的理解视野有所凸显（Berry 2015a）。[7]我们或许会将它描述为"精简计算"，在与计算机功能属性间的关系方面，同时在空间维度方面，它倾向于优化广度而非深度[8]。

为了实现共享一系列表现形式、公理化概念和交互语法，需要将代码和设计技术进行复杂的组合，这种组合拥有响应式设计的特点，并结合了技术设备的物质性与设计语言原则表达之间的紧密耦合性。最近扁平化设计的趋势已经在双重表达的使用中体现出来，在这种表达中，界面原始的几何基础与虚拟材料的新唯物主义结合，界面正是基于这种虚拟材料被想象构建出来。在API功能和集成开发环境（IDE）的复杂部署方面，界面工具箱中内置的技术限制保证了界面的顽固性（obduracy）。对物质形式的比喻同样保证了界面设计的概念与实例的统一，这是对界面设计很重要的强化——对Google公司而言是纸，对苹果公司而言是玻璃。

连续界面不仅为界面设计可能出现的新阶段提供了概念性方法，还推动了数字人文中界面批判方法的发展。这不仅有助于瓦解传统的计算思维方式，还有助于打破计算时点、对象、浏览、通知等我们在现实生活中持续关注的事物。它们在现实世界中交叉，而我们不断参与其中。Kirschenbaum（2004：540）认为数字人文学者需要为界面做出设计并且他们需要自行设计界面，但显然他们还必须学会批判界面，批判假定知识、规范以及他们所描绘的政策的嵌入形式。

Berry（2014）提出了一种深度分析模型，该模型使用*商品*和*机制*的概念来描述计算系统的结构。*商品层*通过界面/表层进行访问，可以提供或加工商品/服务/功能，并为最终消费提供相对稳定性。商品通常在界面层从视觉方面就被提出，尽管有其他感知界面存在。*机制层*可通过源代码文本访问，它包含了软件所"隐藏"的机制与功能。这些是"手段"，也可以被认为是商品与消费覆盖的基础。机制在代码层被实现，从而在交互过程中得以隐藏。这是数字人文界面批判的有效开端。

我们的社会越来越依赖算法向我们提供经过包装的信息。Google搜索引擎、亚马逊推荐和Facebook的消息推送（News Feed），都是算法筛选信息的典型。即使是机器选择，它也必然是涉及意识形态和政治的。既然20世纪60年代的意识形态批判涉及大众传播中嵌入的意识形态，那么21世纪前十年的这种批判也必然涉及社交媒体算法和针对商业提供者的监督算法，毕竟这些商业提供者可以跟踪用户在数百网站的痕迹并分析他们的习惯和偏好。事实上，正如Mejias指出的，"大多数人可能并不会惊讶的是，我们生活在这样一个时代：我们的线上行为都被日志所记录，它记载着我们访问了什么、搜索了什么、购买了什么、和谁进行了互动，等等"（Mejias 2013：101）。有的人会利用它发送定制广告，尽管Google公司是利用这一知识优化用户检索结果以期更好地满足用户需求，但它仍然会"出于安全目的由政府和当局进行搜集和分析"（Mejias 2013： 101）。这些算法是真正的黑箱：尽管它们确实影响了我们所有人在上网和使用移动应用（App）时所获取的信息，但大多数人几乎不会细想这些算法的存在，尝试去理解它们的机制的人更是少之又少。

界面已经越来越普遍了，因此我们有必要对它展开理论性的研究。我们在界面中度过了数字生活，我们寄居其中，安顿于此，而且界面与线下生活也并非完全隔离，而是作为线上、线下生活的一个自然的连接。正如我们在前文所言，界面并非仅仅一个平面或是一个系统的外观，而是用户居住、与众多系统共生、与系统交互的深层区域。界面紧密连接了计算机及其屏幕以外的世界，在每个方向上边界都十分模糊。

计算机、电视和手机的发展都遵循着同样的趋势：随着我们的工作、信息和休闲方式越来越数字化，外部物理世界就显得越来越不重要了，并且外部世界正在快速地消失。这并不意味着物理世界的形式与风格不如以前重要了——相反，许多人会认为苹果公司在电子产品市场所取得的成功，正是归功于其时尚感和轻松感。但是这种形式与风格的重要性也渗入到了屏幕以内，苹果公司正是这方面的先锋。这家公司深知数字化产品的"外观和体验感"对用户的重要性——这种重要性甚至是他们决定是否购买该产品的依据。这从我们对于数字媒介的想法中便能看出："外观和体验感"是数字产品设计过程中的常用术语，但是我们真的可以"体验"到一个非物质性的产品吗？这种感觉一定是来自于交互，即这个产品对用户输入的回应。这就意味着界面如今已经不仅仅是人与机器之间隔着的一层膜，它也是与美学、社会地位和政治有关的社会领域。⁹我们甚至可以说界面的价值已经不能仅仅从性能和易用性方面来判断，还需要考虑其美学价值、交互风格、外观和体验感。交互设计已经验证了可用性设计方法，但正是这生硬和无效的策略才创造出令人愉悦的、时尚的用户体验（UX）（Fagerjord 2015）。

我们常用"感觉"来代替多种感官感受：包括触觉感官、皮肤上的感觉以及"意识层面的感知"，是任何感官或所有感官的汇总（《牛津英文词典》 2015）。我们不去触碰数字化界面，而是去触碰输入设备，比如键盘、鼠标或者触摸屏，而这些设备给人的触觉确实有所不同，但是我们不去触摸数字化数据。虽然做了许多关于"触觉反馈"的实验，但是实验中的触觉仍然只是数字化控制的模拟驱动力。数字化数据给我们带来的感觉主要来自于感官而非触摸。尽管如此，我们正在讨论的这种感受又与你读一本小说所得到的感受不同（诸如"这本书勾起了我的乡愁"）。我们所要讨论的感受虽然来自于我们与实际事物的接触，由我们的眼耳传递而来，但是它可能是一种和触觉有关的感觉，一种处理事物的感觉。触摸屏上的控件具有惯性效果：如果你在平板电脑上旋转表盘，在你的手松开后，它还会再旋转一会儿。和让表盘稍微转动一点相比，让慢速移动的表盘快速停下更加费力。当人们可以在系统上轻而易举地完成各种操作的时候，会产生一种有效控制的感觉（或者相反：失控的感觉）。以数字化方式购物或者填写一个注册表可能是轻而易举的事情，做起来几乎是一件愉快的事情。有时也并不是这样。一个产品的互动性，会给人不同的感觉。有趣的是，产品及其互动性带来的感觉可能是兼而有之的：有时，一个数字产品用起来会给人非常愉悦的感觉，好像当初制造这个产品时，制作人所付出的心血像是一道阳光一样闪过，让用户感知到了——感觉到了——即使你当初并不是带着特定的目的使用这个产品。比如说，一辆非常贵的车，关上车门会产生一种非常低沉而非响亮的声音，这会给人一种质感，一种一丝不苟、经久耐用的感觉。又或者像机器上的机械表盘那样精准，以至于人们仅是打开它就感觉很好。我们犹记得当初使用苹果移动应用程序"Path"时，我们并没有带着任何目的去使用它，仅仅是因为它车轮形状的界面让人感觉开心和愉快（我们同样记得当这个界面被一个更加标准化的界面替代了的时候，我们感觉到的失望）。

当苹果公司在2013年发布新的移动设备操作系统iOS 7的时候，它基于新的用户界面的"扁平化"美学展开了大量的营销。早期版本大量使用阴影和高光，以产生一种深度、反射和不同材料的感觉。iOS 7去除了这些阴影和高光，以扁平化外观和鲜艳的配色替代之。应用程序的背景以白色为主，用户使用的交互元素也不再是"按钮"，早期的按钮主要通过边界和阴影使应用程序看起来像是从背景中突出来的一部分，iOS 7系统以"链接"替代，即一种有颜色的文本。

苹果的首席设计师 Jonathan Ive 在采访中表示，新的界面对用户而言是一种更好、更有"逻辑"的体验（再一次使人想起所谓的直观界面这种不切实际的想法），而早期的 3D 材料仿真设计对于低像素的第一代移动设备是一种补救手段。然而，他的解释隐藏了一个事实，即苹果公司很晚才使用扁平化风格。早在两年前，微软公司发布 Windows 8 的时候，就已经使用了类似的扁平化美学，2006 年——比 iOS 7 的发布时间早了 7 年，微软的产品就已经广泛地使用了这种外观。扁平化视觉风格是一种界面时尚，但是并不是自然发展的产物，并不意味着它是一种更加高级的媒介，也并不标志着使用它的用户更加训练有素。这从以下这一点便略见一斑：和早期的仿真设计相比，新的扁平化风格在有些情况下并不够直观，易用性也不如前者强。

然而，对于现代计算机媒体而言，时尚、外观和体验至关重要。计算机行业对此了然于心，但是却在为实现这种设计的可靠方法而苦苦思索。因为这种方法经常和直观性、易用性的理念相违背。可用性方式可以开发出可用的产品，用户可以在尽少学习、尽少犯错的情况下有效地操作系统。为了创造一个简单实用的系统，人机交互（Human Computer Interaction，简称 HCI）设计师采用迭代法，选择一些代表用户检测产品原型，其表现引导着下一个迭代的发展。这种方法以测试为基石。用户被给予一个任务，测试管理人员观察他们的进展，并负责记录用户所花费的时间以及所犯的重要错误的数量。事实证明这种方法可以有效地开发可用的系统，其前提是"可用"可以通过量化的指标定义[10]。提出一种正确的风格、情绪和感觉则更为困难，这些关于身份和虚荣心的特质很难被定义。用户体验专员甚至很难表达出我们想测量的东西，即享乐质量或情绪影响，他们尝试用标准化量表去测量，如

AttrakDiff（Hassenzahl 2001； Hartson and Pyla 2012： 453ff.）。但是，虽然用这种方法测量可以极其便利地测量一个产品是否会被用户积极接受，但是当用户对产品产生消极态度的时候，则很难通过这种测量找到提升产品的方法，这就是这种测量方法存在的问题。人文科学，从另一方面说，拥有悠久的研究传统和细致的词汇可以用来讨论写作风格、视觉设计风格和意象（imagery）风格，这无疑会为我们理解、记录这一系列发展奠定理论基础。

Alan Liu（2004）用一整本书解释了他所谓的"酷"美学，认为这是网络上的主流视觉风格，也是对从事知识工作的西方企业文化的响应。大部分青年人都曾经纠结过"酷"的定义。一方面，酷是一种视觉风格，受益于现代主义艺术和平面设计国际风格；另一方面，与之相反，"我们一旦在酷中看到现代主义设计明显的痕迹，我们就要看到它的对立面。酷从根本上是一种反设计风格"（2004：216）。根据 Liu 的研究，酷是一种非常矛盾的运动，它会用极其放松的半开玩笑的方式同化公司文化。它看上去像是屈服于知识工作的价值，但是效果适得其反。酷仅仅是一种风格，没有实质信息。Liu 如此前沿的观点非常有吸引力。

Ida Engholm 在她的博士论文中纵观了 1993 年到 2003 年网络风格的变化。网络开创仅仅十年，她便能辨别出网络设计的三个不同阶段和九种主要风格趋势，包括 Liu 曾经讨论过的数字化现代主义和瑞士风格（Engholm 2003）。如今，我们有必要映射并深入研究这些视觉风格。在之后的研究中，她分析了关于"拟物化"和"扁平化"界面的争论（下文有更多这方面的介绍），文章也分析了数字艺术与设计中的后数字美学（同样参考 Berry and Dieter 2015）。

随着设备外观的消失，设备内部成为展示我们身份、阶层和理念的地方，因此我们的观点是界面美学、界面的外观和体验越来越重要。如果我们不分析数字媒体的视觉和交互风格，我们将永远无法真正地理解它在数以亿计的人们的日常生活中的重要性。然而，如果我们仅仅关注这些标志，却不关心其所指，也是不正确的。当我们思考数字人文的时候，我们应当综合思考界面与计算、商品与机制。

在本章的开篇我们讨论了数字出版，提出现代出版形式正在朝我们所称的数字设计方向转变。当 Steven Ramsey 提出人文学者应该"构建事物"的时候，这个观点引起了一定的轰动（Ramsay 2011）。然而，我们很难相信一个人文学者不写作。在后数字时代，写作可能会变成构建，正如同实证研究和批判论证中常常会囊括系统设计与构建或者对数字作品的批判。为了达到这个要求，人们要能够理解界面层和机制层之间不同且相互依赖的关系。现代界面作为数字时代计算文明的一部分，构建事物是理解和/或者批判它们的一种方式。

例如，艺术家 Mark Madel 曾经研制一种计算机，邀请用户参与思考生与死的问题。在他的作品"Windows Makeover"中，他为 Windows 95 操作系统创造了一个主题，用一个全新的界面代替原有的桌面。"开始"菜单变成了"探索"菜单，提供一系列应用程序，诸如"分手、亲密关系、爱、信任、联系、健康和犯错"（Madel 1998）。Madel 的计算机系统使得界面和底层系统都进入到用户的视线范围内，原本熟悉的计算机系统变得出人意料的陌生。计算机系统是为了什么呢？它可以为我们做什么呢？我们日复一日地依赖计算机帮助我们完成各种各样的任务，就使得计算机在我们的眼中遁形。Madel 指出，界面对生活，而非对计算机系统，产生了*疏离效应*，他让计算机技术再一次猛地进入人们的视线中。

Liu（2012）的观察认为，数字人文缺乏文化性批判，Madel 的艺术品可能是对 Liu 的一种回应。我们可以认为 Madel 开展了一次批判设计实践——

一个在技术上非常简单的设计项目却可以大力帮助我们批判性地理解我们与计算机的关系。这个美学运动可以变成一种方法：Stuart Moulthop（2005）提倡他所谓的"干预"，即符合以下标准的数字媒体：（1）拥有生成逻辑的数据库界面；（2）由普遍可获取的工具制成；（3）批判性、讽刺性或者能够引起争鸣的；（4）广泛分布的。在过去数十年间 Gregory Ulmer 也在用相似的方式追求在数字写作和/或设计中应用解构理论（以作者身份难以描述的传统术语）——首先，在作品 *Teletheory* 中，他提出疑问：Derrida 的写作学是如何被运用到电视中的；接着，在 *Heuretics* 和他之后的作品中，他将关注点转向计算机（超）媒体方面（Ulmer，1994，2004）。

在提出干预的想法的同时，Moulthop 还概述了数字设计是如何作为一种有效方法被应用在文化批判中的。大部分研究交互、多模式文本的作者都发现，他们比研究传统文本的作者花费更多的时间构建复杂数字形式的文本，但是我们从早期的学术研究中了解到持续的、精炼的论证是很困难的。然而，这之间还有一个中间层，即在本章前面部分我们所讨论的在线杂志，诸如 *Kairos* 或者 *Vectors*。这些期刊中包含了很多作品的例子，文本中提出论证观点，而视觉上则综合了很多其他著名的数字风格，如一个计算机游戏、一个博客或者一个 Facebook 页面（Purdy and Walker 2012； Fagerjord 2014）。这些作品的作者可能正是在追求 Moulthrop 和 Liu 所倡导的文化批判的形式。同样，他们也展示了如何意识到界面风格和设计在当今的数字文化中的重要性。

一些科研人员用数字媒体来深入思考界面与文本之间的关系，展示其强大理论的应用性。Manovich 在创造"数据库电影"之前，首先从理论上阐述了新媒体文本如何从本质上成为数据库的界面（Manovich 2001； Manovichand Kratky 2005）。另外一个数字批判实践就是以人文学者为基础设计替代物，代替当前的计算机模式。Peter Bøgh Andensen 是一名人文计算机科学家，他倡导用符号学方式编程，用以代替广泛使用的面向对象的方式。Andersen 的方式坚定地以斯堪的纳维亚学院派的参与式设计为基础，首先描述工作场地工人的语言，然后将这些语言在计算机中进行建模，而非对工作场地进行建模，这个过程使用了 Hjelmslev 的结构主义符号学的概念。

思考计算机界面问题，就是在以下几种思路中不断转换：计算机界面是一个隔层——是一系列控件——是数字文本和数字媒体存在的深层环境。为了深入理解数字化作品的物质性和符号性，以及理解数字人文的深层内涵，我们已经开始对一些想法追根溯源，并继续发展这些思想，我们相信批判性设计会是其中一种很好的方法。

我们现在开始思考该如何把接下来几章中的内容综合起来，去探讨数字人文与一个更大的议题，即文化批判之间的关系。我们致力于扩展数字人文学术的研究前景，拓展其研究范围，将文化的、物质的和社会领域的研究问题都囊括其中，尤其是一些与社会文化有关的研究议题。我们希望不仅仅通过传统人文研究的方式，也可以利用读、写文化的新方式，来延续人文科学研究，提升公共文化的辩论水平。

第八章
迈向批判性数字人文

我们作为数字人文学者，必须"严肃地质疑，甚至质询……人文学术领域，我们在计算和数字媒体的合法化和制度化中所扮演的角色……而不仅仅是要维护计算实践的合法性（或倡导其'显而易见'的优势）"（Bianco 2012：100）。

在最后这一章中，我们将对数字人文未来可能的发展方向展开更具思辨性和理论性的探索，尤其数字人文现在已经与社会、文化、经济的重构脱不开关系，再加上社会领域中数字技术的再嵌入等问题，我们更加需要对数字人文的概念进行思考。在前几章中，我们对艺术、人文以及社会科学领域中计算方法的理论化进行了说明，本章我们想将这些主题全部串联起来。计算的学科和计算的思维方式对研究的限制越来越明显，因而数字不仅逐渐发展为一种潜在的研究纲领，同时也成为研究的可能性条件。这个问题应该成为数字人文的直接研究对象。

贯穿整本书，我们一直尝试将数字人文拆解为一系列连锁而又独立的组成部分，这些组成部分虽然在某种程度上是个性的和独立的，但聚合起来会产生1+1>2的效果。我们希望能够帮助读者从这个层面上去理解数字人文的内涵。换句话说，尽管学界对数字人文仍然存在争议，但我们还是希望能够将数字人文视为一个连贯的、一致性的学科。数字人文对批判性反思的需求是我们一再重申的关键议题之一。在本章中，我们将联系批判性数字人文，对批判性反思这一概念进行解释。[1]从本质上讲，我们不仅想要描绘出一份详尽的数字人文蓝图，而且想指引读者找到一整套的实践和思考方式。事实上，我们正是想要通过这种方式来加强数字人文研究中时而显现的工具化趋势，但同时，在它势头太盛的时候也能起到收缩的作用。为实现这一点，我们必须从社会技术的角度去看待研究中用到的技术，研究它们的组成和开发方式，再看看是否有其他可替代的开发方式。

是的，我们就是希望从所谓的"技术崇拜"再进一步通过我们的理论和实证研究，为数字文化的批判性思考绘制"认知的地图"（Jameson 1990）。这里面有一个挑战，就是要让数字（软件和计算）以物质和意识形态的双重身份，回到研究和批判的视野中来。我们认为批判性数字人文必须以这些前提为基础，才能避免让计算机成为"真理机器"，避免让研究基础设施和项目的技术问题取代数字人文，成为推动研究问题发展的主导者（见 Berry 2011，2014）。

这就需要我们特别从批判性的角度对计算成像（computational imaginaries）的隐含意义进行思考，并提出相应的问题。我们这么做也是为了凸显数字技术、算法以及软件中相关政策和规范的重要性。我们需要探索如何协调文本精读与遥读之间的平衡，如何让宏观分析和微观分析和谐有效地服务于人文研究。就像 Liu（2011）所说的，"数字人文学家需要找到批判性思考的升级方式，例如从对元数据的思考，升级为对权力、金钱以及其他世界治理协议的思考"。因为尽管文化批判，甚至计算中的人文学曾经拥有过社会正义行动主义（social-justice activism）和网络自由主义（cyber libertarianism）的时刻，但"数字人文（最初的名字更加严肃：'人文计算'）却从未有过"（Liu 2012：419）。这里还涉及一些关键问题：如何通过软件研究让不可见成为可见？知识通过代码和软件进行转换时，它的形态如何变化？针对大数据、可视化和数字方法等的批判性研究方法是什么？通过计算如何生成新的学科疆域，计算又是如何发展出"守门人"的功能的？哪些新词最能显示出数字的统治地位——"真子"、"像素"、"波"、可视化，还是视觉修辞？媒体的变化如何带来认知上的变化？我们如何透过计算界面看到"屏幕本质主义"（screen essentialism）背后的东西？我们还需要思考一下如何在使之可见（making-visible）的实践中加入使之不可见（making-invisible）的实践——计算需要对采集的对象进行选择。例如，Zach Blas 的作品是个很好的例子。他通过自己的艺术实践，展示出计算和计量生物学对于种族、性别和阶层的忽视情况。但是我们也可以预见到，通过数字人文的研究，未来这些忽视和不可见都会变成可见（Magdaleno 2014）。[2]

从探讨规范和政策的相关问题一直到软件/代码的研究，我们研究的是计算学科对过去学术工作相关概念的革新作用。这样的研究不仅鼓励我们"创造事物"（buildthings），更促使我们对创造的事物进行剖析和批判——通过批判软件来检视我们的观点，挑战我们的设想。同时也让我们将诠释学的技能应用于构成这些系统的软件和算法上。是的，我们认同Grusin的说法，"数字媒体通过研究人类与非人类、人文与技术相关的复杂因素，突出其重要性，有助于改变我们对人文学科规范和历史的理解，这一点在讲述西方人文学传统时常常被过分轻视或直接被忽略了"（Grusin 2014：89）。

我们从不同角度探索数字人文，可以看到不同学科专业的变化轨迹，这是一件非常有趣的事情。这些变化不仅来自于学科间的相互作用，同时也受计算的共性和局限性的影响——某一学科背景下的概念集合在计算架构之下是如何受到挑战而后发生变化的。因此，数字人文对自身概念中的"数字"和"人文"这两个概念都必须保持批判的态度。事实上，这一领域已经出现了一些颇具价值的成果，例如 Alan Liu 的研究，但是我们还需要在加深数字人文理论和经验研究方面开展更多的工作。

我们在这里对批判性数字人文进行概括总结并非要提出一个终极方案，而是为了对这样一个领域中的诸多研究方式进行列举。更具体地说，是为了列举与"数字人文"这一理念相关的概念集合；更广义地说，则是为了说明人文学科中的软件化现象。实际上，批判性数字人文有助于我们重新定位历史学、批判理论和诠释学中的传统人文实践，而这些人文传统又可以帮助我们确定和完善数字人文的研究方向和关注焦点及其在学术界的地位。因此，Liu 提出了这样的问题："数字人文如何（能够）推进、联通以及抵挡当今后工业化、企业以及全球信息和资本的洪流？"我们又如何能够确保"这个问题不再简单地停留在被数字人文协会、大会、期刊以及项目中偶然提及的阶段"（Liu 2012；另见 Global Outlook 2015）。正如 Bianco 所说，我们作为数字人文学者，必须"严肃地质疑，甚至质询……人文学术领域，我们在计算和数字媒体的合法化和制度化中所扮演的角色……而不仅仅是要维护计算实践的合法性（或倡导其'显而易见'的优势）"（Bianco 2012：100）。Johnson 也认可这一观点。他说，"我认为21世纪的大学有太多的挣扎和焦虑，但这些挣扎和焦虑都是源自它们能在多大程度上对日益多样化和阶层化的学术界负责，与数字这个时髦的新兴工具无关"（Johnson 2016）。

批判性数字人文在不断描绘和批判对数字的使用时，也一直留心权力、统治、神话和剥削的问题。这就是之前提到的数字人文的黑暗面（Chun 2013；Grusin 2013；Jagoda 2013；Raley 2013）。这样一来，批判性数字人文就可以发展成为一种跨学科的研究方法，覆盖批判性理论研究；种族、民族、性别、性取向、残疾和社会阶层的理论研究（Earhart 2012；Transform-DH 2013；Accessible Future 2015；Kim and Stommel 2015；Risam 2015）；以及数字转型的历史、社会、政治和文化背景研究（Berry 2014），也即一种同时以研究和实践为导向、能够反映其历史背景和理论局限，并且致力于政治实践的研究。其理论研究可以与"创造事物"等其他涉及技术的研究相结合，如从软件研究、关键代码研究、文化/批判政治经济研究、媒体与文化研究等领域中进行借鉴。

这样一来，批判性数字人文就可以尝试去解决 Liu（2012）和其他学者提出的问题——数字人文缺少文化批评的问题（Golumbia 2012）。正如 Liu 所说，"虽然数字人文学者会从批判性的角度开发工具、数据和元数据，但他们鲜少将批判性思维延伸到整个社会、经济、政治或文化的范畴中去"（2012）。在这个问题上有一点需要特别注意，那就是我们倡导的是从学科的角度研究这些议题，而不是要求每一位学者都进行同类型的工作。这么做的目的是让数字人文包容不同形式的学术研究和批判方法，扩展领域范围，丰富其学术能力。

发展针对计算的批判方法需要回顾数字本身的历史。对数字物质性的探讨会引导我们从微观和宏观的角度分别思考数字的可能性条件以及数字系统的规模化问题——如对数据流的实时监测，尤其是在公共知识形成初期对交流数据流的监测，这为政府、安全服务机构以及企业的介入提供了机会。这种不仅想要控制与文化融合的可能性，更想要控制人们对这种可能性的理解、使用、分享、讨论以及思考方式的想法，有些类似于奥威尔式的机制，但它更加强烈，更加明显，令人害怕。这时对企业和政府来说，文化都只是数据。这是人文学科最不乐意见到的情况。因为它破坏了观念成型和理解萌芽的公共/私有区域，用Stiegler的话说，就是形成了"短链"，也就是碎片化的知识，它有碍于理性的思考。也正是这种以即时成果和反馈为导向的技术调节，为人们的漠然、割裂和宿命感创造了不良条件（新的独裁主义倾向也随之而生）。

之前的章节已经涉及过其中的一些问题，尤其是联系"后数字"（post-digital）来思考数字性和计算的问题，但这里还需要更深入的研究。计算是一种历史现象，我们可以借助历史化的方式对它进行追踪和阶段划分，当然这也需要我们投入更多的精力。如果忽视计算概念和计算方法的霸权主义，可能会引起一种危险的设想，毕竟它距离成为控制和神话的新形式，以及计算理性的有限形式只有一步之遥。有很多学科都应该持续关注文化中那些批判性思维以及概念和对象区分能力的弱化，数字人文也是如此（Berry 2014）。数字人文不仅应该描绘这些挑战，更应该为研究和教学的重构提出新的方法，为数字时代下的批判思维和理性思维保驾护航。

那么我们如何才能将反思的能力和思想融入以批判为导向的数字人文研

究中，从而进入一种新的体验模式，一种"会对人与事物的潜力做出回应的二维体验模式"（Feenberg 2013：610）呢？这就需要我们重新对潜力，也就是 Berry 所说的"可能性"（Berry 2014），进行导向设置，从而发挥这种新的关键精神——批判理性的精神[3]。换句话说，我们需要对量化实践和工具化的过程进行重构，使其远离支配（Adorno，Horkheimer，Marcuse）和控制（Habermas），朝着反思、批判的方向发展。就像 Galloway 所说，"作为博雅学科的人文学者，我们是否会被资本压制和超越？是的，我们会——而且现在的情况比以往任何时候都要严峻。但是我们人文学者却能够接触到一些更为重要的东西……（用以）继续探寻技术科学因需要遵从特定的意识形态和产业指令而一直搞砸的问题"（Galloway 2014：128）。如果我们身处数字沙盒之中，我们是否必须遵从计算的规定，还是说会有其他的计算模型和理论供我们选择（Drucker 2012：88）？是的，就像 McPherson 说的那样，"政治立场坚定且掌握着人文技能的学者在使用技术和技术产品时，不能简单地将它们视为我们轻视、批判或着迷的对象，而是要将它们看作一个高生产力的空间，永远处于新生状态，永远不会定型"（McPherson 2012：155；也参见 Berry 2014）。事实上，在 Marcuse 看来，"批评性分析必须将自身从其力图理解的事物中抽离出来；就像哲学用语必然不同于日常用语，这样才能将后者的含义完全解释清楚。对于已经建立起来的论域而言，它一直承载着支配、组织和操控模式的特定印记，而这些模式是每一个社会成员都要服从的"（Marcuse 1999：193）。至此，问题发生了变化。现在的问题是，这种累计系统在多大程度上压制了行为能力，进而压制了批判意识。事实上人文学科与技术本身之间的关系也是一个重要的相关问题。因为这里面还有一个问题需要我们回答，那就是人文学科是否优先于技术，甚至是技术的可能性条件？还是说人文学科已经变得技术化，以至于技术优先于人文学科？换句话说就是人文学科"是否与资本主义的统治系统沆瀣一气"（Feenberg 2013：609）？

在Feenberg看来，这里需要借助"价值的物化"来"抵抗先验式技术的统治趋势"（2013：613）。他认为我们从这种先验式技术物化过程中的特定干预点，如设计过程中的特定干预点就可以看出这一点。Feenberg表示"设计就是一种中介，它让科技理性所蕴含的统治潜力以开发性项目的身份进入社交世界"（2013：613）。对此，数字人文拥有足够的技术能力和文化资本来真正改变这些项目的发展方向，改变工具逻辑的嵌入方式，改变干预的实现方式。比如，数字人文可以借由自己对开放存取的大力倡导，争取和维护技术构件和软件的开源与版权许可。[4]在我们看来，Feenberg低估了设计以及更广泛的设计实践中所隐含的工具性。设计人员往往会在谈论效率和组织这两个概念时将工具的价值最大化，所以说工具对设计人员来讲具有很大的吸引力。相反，我们认为设计人员在开展设计活动时还需要额外遵守一种谨慎责任，或者说是需要遵照一种批判性设计的新形式，它不同于Dunne和Raby（2013）所提出的那种形式，而是比之更加严谨。至此我们要开始联系可能提高或替代工具理性的新理性形式，例如联系批判性计算理性、素养和其他计算能力的潜力。它们的表现和实践并不一定符合效率和有序的工具理念，与具体化的资本主义形式可能也没有关系（Berry 2014）。

同时，随着信息爆炸式的增长以及整个社会向数字经济的转型，在获取方式得当的前提下，人们愈加将信息视为资本主义的收益源泉。实际上，Alan Greenspan在1971年就说过，数据和信息将会是数字时代的新"石油"（Berry 2008：41，56）。这句话突出强调了政治和经济对数据的需求。同时，数字也使得愈加难以管控的爆炸式数据量得以继续增长。数据量的增长不仅会影响大型企业，对我们每个人的日常生活更是如此。我们日常活动所产生的数据尾气远超我们的控制能力，更遑论去理解它。但它在带给我们政治可能性的同时，也带给我们问题：从人们逐渐意识到并开始讨论企业和政府令人震惊的监控程度，到人们开始希望能在全国范围内拥有一定的数据所有权。无论对教育还是研究实践，数字人文学者都有很大的潜力去探索并与公众交流这些值得关注的事。但是我们要重申本书的观点，我们不应该仅仅止步于数字和模拟（或是线上和线下）之间的比较，而是要探讨对数字或不同计算强度的调节问题。我们必须批判性地对计算的生成和物化方式进行分析，关注计算世界和计算文化，让人们能够超越数字与非数字之间的差异。讽刺的是，数字人文不仅所处位置理想，而且具备进行批判性分析的智识和实践能力。

例如，大规模的数据泄露使得原始数据进入了公共领域——通常是以数据文件或数据表格的形式——阅读和理解这些数据的问题愈加凸显，因而对新闻记者成为数据新闻记者的需求也日益增长。另外一件讽刺的事是"开放数据库"（Lyotard 1984：67；Berry 2014：178）带来了一种新的不可见性，我们需要通过计算策略来帮助我们阅读这些新的材料（例如算法性遥读）。此外，维基解密的政策也是要让企业内部出现信息过载，因为企业既无力解决数据的泄露问题，也不能关闭企业的内部交流通道。由此看来，信息过载可以发展成为一种实现控制和抵抗的政治策略。从这里我们再次看到了数字人文如何能够通过自己的方法和实践来检验这些数据处理方式。数字人文不仅是一种文化现象，也可以帮助学生培养在数字生活中进行数据批判的能力以及自我反思的习惯。

人文学科如果想要处理这类新型的数字材料，就需要借助新的阅读和写作方法——这就是Berry（2011，2014）所说的素养。因此我们需要关注物质数字文化背景下文化（如公共/私人文化）物化和固化的特定方式——也就是说不仅要关注人类创造文化时镌刻文化的方式，更要关注数字时代下技术设备、记录系统、追踪器、网络漏洞和网络信标中镌刻文化的方式。人们一直在对方法论中的共性进行重构，使其"与方法论基础设施相融合，实现文化认知下的技术与技术认知下的文化批判的互为补充"（Liu 2012）。事实上，数字人文学者需要提高自己对权力来源的批判能力，这里的权力来源也包括数字技术、平台和基础设施的实例化。

现在的人文学科比以往任何时候都需要向公众传达自己的人文观点（和价值观），同时也需要对计算主体能够做什么和应该做什么的属性进行重构。Liu 认为，"数字人文除了可以作为工具使用外，还能够以拓宽工具主义、技术等相关理念的方式在很大程度上推动人文学科的发展。这一点可以成为数字人文对文化批判的独特贡献"（2012）。Liu 说得没错，而且这种理念的拓宽并不是要取代现有的数字人文研究成果，而是为数字人文提出一系列延伸和扩展的问题。如果数字人文能在本领域中采纳并融合更多的研究方法，就能够发展壮大，影响力也会随之扩大。

这里有一点需要注意的是，将批判性方法引入数字人文项目往往会拖慢项目的进度。这对于研究项目中的其他成员，尤其是技术领域的学者而言是非常令人沮丧的。批判性思维类似于"机器中的沙粒"，因而很难在当下对竞标、快速原型制作或是看上去还算中立的数字化项目的呼吁中证明自身的合理性。不过我们认为批判工作对项目进度的拖慢是具有正面效益的，它迫使项目团队对所选择的方案、方法和目标进行反思，这在某种程度上与 Reuben Brower 在另一种情境下提到的"缓慢阅读"（Brower，引用自 Hancher 2016）[5]类似——也就是不仅仅对软件项目的"内容"进行缓慢、谨慎的批判性思考，也要对项目的支持性技术、方法和基础设施进行这种思考。

在剩余的篇幅中，我们将对三种可能的干预源进行探讨，它们有可能会成为数字人文在激进拓展的新理念下进行批判方法研究的三个领域。对于第一个干预源，我们先将注意力集中到研究基础设施以及批判方法如何对该领域的进展和发展方向提供其他不同选择。之前也提到过，研究基础设施所带来的先验式技术能够创造开展数字人文项目的可能性条件并提供相应的支持。在对研究基础设施的探索中，Liu（2016）曾经提到批判性基础设施研究的发展问题，其中涉及基础设施批判性建设的理论和实践研究。在数字人文的背景下，更广泛地讲是在大学的背景下，向数字基础设施的转型使得教职工和大学的管理工作面临一系列艰难的技术决策——不仅面临技术的复杂性问题，以及伴生的遗留系统、锁定、未来技术发展方向等问题，转型对成本和持续维护的费用也有很高的要求。除此之外，这些问题在"工作空间"上的关联方式也非常重要——系统的功能性能至关重要——因为人文学科的研究范围可能会对技术系统的某些特定形式造成负面影响，或是反过来受其限制。在Liu看来，数字人文学者可以对有益于更广泛人文学科研究的特定技术方案和标准做出选择和推广，这才是他们真正发挥作用的地方。

对于Liu把特定服务层面的功能与数字人文学者的贡献范围联系在一起，我们是认同的。但同时我们认为这里面存在的风险是只让数字人文发挥预防的作用。我们希望数字人文可以变得更加活跃，发挥更大的干预性作用。它不仅可以将研究基础设施和数字人文研究关联起来，从更广泛的角度看，它也关乎计算如何成为学院管理、财务及标准化工作的关键调节因素和可能性条件。这种批判很重要，因为它提出了一个关于大学的更普遍的问题：大学是什么？它未来如何发展？计算将如何帮助或有碍于大学中的研究和教学工作？虽然这些问题超出了本书的讨论范围，但从某种意义上说，数字人文学者其实是作为批判主体在思考大学的未来，所以我们说大学和数字人文是深深交织在一起的。

至于基础设施，我们也许可以参考硅谷的某些实践，看看它们是如何流行起来，并逐渐对计算影响领域的思考方式进行塑造的。例如，最近出现了一种向"平台化"——构建单一数字系统作为某一特定部门内部的技术垄断——转变的趋势。社交媒体领域中的 Facebook 就是一个很好的例子。同样，在探讨数字研究基础设施的时候，出现集中化趋势，以及数字化、归档、研究和数据格式转换的统一标准化平台也是可以理解的。虽然大多数的尝试都以失败告终，但对于这样一个系统，无论它是应用在一所大学还是应用在研究机构联盟中，人们对它的渴望和它对人们的诱惑力仍旧非常强烈。事实上，我们希望数字人文能够反对这种行为，并提出联合解决方案或基于网络的解决方案，从而支持技术系统的二次去中心化。[6]

第二个干预源与数据有关，我们可以考虑一下数字技术对社会组织更广泛的影响。事实上，我们的"数字面包屑"不仅仅会留在因特网上，更会贯穿于整个社会、经济、文化和日常生活中，但我们的社会才刚刚接纳这种观念。尽管发生了棱镜门泄密事件（Berry 2014），但从新的计算技术可以看出：人们对技术的日常理解，与技术在生活中的渗透程度以及全面监视这一现实之间其实是脱节的。这一点不仅与其他人的生活有利害关系，而且公共文化的形态，以及个体"应用公共理性"而不受国家或企业监视之寒蝉效应影响的能力也岌岌可危。事实上，上面所提到的计算技术对公共领域和私人领域并未加以区分，而我们的政治体系却将其归为政治生活的可能性条件的一部分。因此培养公民进行批判性技术实践的能力变得前所未有的重要和紧急，这不仅是为了让公民能够选择如何管理在公共领域留下的"数字面包屑"，更为了揭开后数字背景下国家和企业利用密码学和批判性加密进行谋利的现实。

计算使数据的收集变得相对容易。数据的可见性也通过 Rey Chow

（2012）所称的"采集"得到了提高。软件的发展支撑起更加有效的监视系统，也支撑起了新的获取系统。在思考有利于后数字调节作用的可能性条件（Berry and Dieter 2015）之前，首先应该对采集和迷惑的概念进行探索。Chow 认为被"迷惑住"是一种"被诱惑，受不同寻常的人、事件或景色控制的状态。被迷惑是被纯物理之外的东西所捕获，但感觉真切，如同被囚禁了一般"（Chow 2018：48）。[7]

而思考采集的问题之后要思考与反身性相关的中介图像。在 Chow 看来，Walter Benjamin 发起了对传统采集逻辑的重大变革，从采集现实或封存现实在于复制图像（例如在一个资源库中）这一理念开始，复制图像变得可移动，而这种移动性又增强了图像的功能性。自此复制图像接替或替代了原始现实成为人们关注的焦点；图像的这种机械复制的逻辑削弱了层级体系，同时也引入了图像可以无限复制和延伸的理念。因此，"机械的采集行为或活动"为进一步的划分提供了可能——这是对于复制品、数据和图像的生成而言的——也为构建在复制之上的现实创造了可能性条件。

所以说采集或"捕捉"的那一刻就像是一场圈地运动，首先确定某个瞬间的发生地点，再通过无限复制和传播的方式进行分享和宣传。因此采集所代表的虽然是一种技术-社会的时刻，但同时它也是散漫的，因为它所讲述的内容源自施加于群众身上的权力以及群众对权力的热衷。Chow 称之为他律性或不规则空间（异化或异质性），就像是人类出于某种目的而设计的系统或人工制品中，虽然不能进行自我复制，但通常可以依据设计者的指令起到代理的作用。实施这种大数据模式分析下的特定"法律"或规程会从本质上产生一种外部性。

尽管如此，我们还是认为采集和迷惑类似于一种批判性回应，因为它们具有断开逻辑（disconnecting logic）和模拟动力学的可能。这种通过缠绕理念所反映出来的可能性指的是我们"对前所未有的相邻性、相似性或公平性下所产生的知识进行组织时"遭遇的所谓"错乱"（Chow 2012：49）。当然这一点在计算的理念下是明确的，因为计算本身就是按照格式化、配置和结构化以及计算本体的应用这条逻辑链运作的（Berry 2011，2014）。从这里我们可以看到数字人文对采集作为现代社会的一项基本职能进行通盘考虑和争辩的潜力：采集的内容很重要，重要的内容也被采集到了。不过这条逻辑链在历史背景下是有局限性的，因为历史研究需要超越这种受限、压缩、有删减的计算过程进行分析。

这就要提到我们的终极问题了：通过计算系统对可见性进行调节时为什么会出现不确定性。与之相关的还有另外一个问题，即这类系统增强了哪些群体的可见性，尤其是增强了哪些地方的可见性。因为女性主义理论者指出，可见性本身可能就是一个性别化的概念和实践，这一点从历史上女性在公共领域的可见性就可以看出（Benhabib 1992）。因此，在这个可能会被认为是后数字的情境下——虽然Chow不认可这个词，但我们仍然认为它有助于读者理解这里的对比——岌岌可危的不再是可见性和监视之间的这种联系，也不是移动化和图像技术之间的联系，而是世界和它被采集为图像之间的"时差"在崩塌。就像Foucault所说的，"一片光明但受人监视也好过一片漆黑。可见性是一个陷阱"（Foucault 1991：200）。

时间失去了它"短暂"或"永恒"的能力，变得落伍。关键点在于当图像和文本拥有了即时性，几乎等同于真实发生的事情时，记忆特有的那种可能性就消失了。这就是后数字时代的一种情景，虽然数字技术实现了对事件的即时采集和复制，但由于数字技术的干预，无论是在采集的瞬间——例如音乐会或集会上挥舞的手机——还是在后续回味和思考的时候，我们的经历都被明确地定义了。

在这种情况下，某一群体特定部分的可见性受到了计算的强化：他们不得不承受特殊的数字手段和数字干预。从个人自主性，以及集体表征和自我呈现这两个角度来看，对可见性的控制蒙上了一层政治色彩。谁来控制这种被看见的行为，它的可见程度，以及以何种方式通过数字技术将可见性有选择地应用于大众，都是至关重要的问题。这里所说的"可见性"指的不仅仅是视觉上的可见方式，还包括模式匹配、机器学习、数据可视化等计算技术的可见方式。当然，这里还涉及使之可见、使之隐藏或忽略某些人、问题或群体的权力，而算法在人们的引导下是可以忽视这些问题的。

那么问题就变成了如何"模糊"这种可见性，防止可能存在于计算型社会中"俯瞰一切"的属性发挥作用。

需要注意的是，这不是要去创造某些有条件的、暂时性的时刻——计算可见性下的一个小差错。我们不是要再提个人隐私这样的理念，而是说要为产生政治回应的实践进行批判性反思创造集体空间——也就是借鉴理论和"非理论"作为一种理论上的处理方式，就像是"通过多次修订与合成进行重塑的开源理论（和实践）"（Goldberg 2014），批判理论研究所（Critical Theory Institute，CTI，2008）称之为"滞后理论"。事实上，我们认为加密实践会产生空间和阴影，因此也破坏了监视和控制系统之间的平衡。[8]

这里所说的加密实践，或者加密行动主义，指的是"隐藏在众目睽睽之下"的概念。这里我们要提到 Adam Harvey 的反监视艺术，比如他的"CV Dazzle"，就在尝试设计能够防止面部识别软件起作用的化妆品；再比如"Stealth Wear"，激发了"时尚界挑战独裁监视者的潜力"（Harvey 2014）。再比如"反监视女性主义诗人化装舞会"（AntiSurveillance Feminist Poet Hair and Makeup Party）。另外，Julian Oliver 的作品也被认为是探索可见性和不透明性观念的典范。这里我们特别要说一说 Oliver 的作品，他反常地在软件对象本身的图像中嵌入了可执行的代码，比如"数字是一切事物的本质"（Number was the substance of all things）（2012）。另外还有"PRISM：信标框架"（PRISM：The Beacon Frame）（2013），实现了手机收音机网络的可视化，因而实现了对实时网络和数据通道的监视（Oliver 2014）。

"不透明的存在"这一理念最初是由 Broeckmann（2010）提出的，这些艺术作品都是对这一理念的延伸。诗人 Edouard Glissant 也隐晦地探索了这一理念。"各种不透明性之间可以通过建立联系，实现聚集与共存"（Glissant 1997：190）。

我们可以认为这些加密实践为群众的利益（再次）创造了可能，因此从计算机源代码的技术角度，或是从为群众中的活动者赋权的实践角度来看，我们都可以说计算机代码在真正意义上是策划了一个"众包"活动来联系各种观念。但同时数字人文也可以帮助个体"试着去理解事物如何相互配合，结构条件和文化理念之间是如何相互促成、加强、支持或是限制、矛盾和约束的。（数字人文）将尽力去解释被传统思维忽视或故意忽略的难题，会从批判性的角度讨论有挑战性的事物，会去鉴别批判性和反利益的事情"（Goldberg 2014）。同样，数字人文学者在教育和研究项目中借鉴了这些实践后，就具有了一定的特殊性，有能力将文字的世界和数据化的新世界连接起来。

那么问题又发生了变化：什么样的社会力量能够在批判计算社会的同时，也能对计算实时监视的本质加以限制呢？当计算和采集已经不仅是一种常见现象，而是无孔不入地融入我们的生活之中时，又有哪些实践变得与我们相关？我们想要尝试性地建议，将在 Lovink 和 Rossiter（2013）称为 Org-Nets（组织网络）下实现的批判性密码学实践，以及与数字人文发展出的更广泛的研究问题和方法相关的密码学实践嵌入其中。

　　这里，采集让查询者站在批判的角度上，为一种与异化相关的实践形式——陌生化的艺术——提供了可能。Chow 的研究联系了 Brecht 和 Shklovsky，尤其联系了他们在艺术实践中——例如 Brecht 的 "陌生化"（Verfremdung）理念——对疏离性的偏好，在展示艺术的同时也显示出事物的规律。正是在这种异化的时刻，事物才有可能显现出其他形态。这是将陌生化的艺术作为一种破坏日常传统的方法，刷新人们对世界的感知——艺术成为一种手段。正如 Chow 所说的，从联系更广泛的计算来看，采集技术和批判性实践与数字读写之间其实具有一层隐晦的关系，这层关系不仅涉及艺术实践，也涉及批判理论。事实上，采集可以成为一个有效的枢纽，让人们从技术的、社会的运营，以及 "人们要一直生活在生物计算环境之中" 这一强制性观念的成型度这三个角度对软件化实践、基础设施和计算体检进行批判性思考。

　　但是我们所说的加密行动主义，也就是对编写不透明代码的铭文系统以及 "不透明地点" 的创建，也可以做到这一点。这不仅仅实现了集体空间（"众包"）的可能，同时也为入侵和妨碍对政治、分歧以及日常生活的实时干预创造了条件（Deleuze 1992）。正如 Glissant 所说，"我们呼吁让所有人都享有隐私权"（1997：194）。要实现这一点，我们认为除了需要绘制出数字媒体的混合性（其后数字物质性）外，更重要的是将加密活动作为一种概念和一种技术实践，加入到数字行动主义的策略中去。

　　我们还可以花一点时间考虑一下自相矛盾的另一面。在当今社会中，让公民有良好的渠道获取信息是一种理念，但同时社会也会对信息的获取进行定价。也就是说，可见性原则不仅与查看个人表现和政治本身的机制这一理念有关，还与为行使公民权利创造可能条件所需的知识有关。我们相信在人文学科的历史传统背景下，数字人文的定位非常有利于对这一点的探索和研究，从反身性和人生哲学两个角度贡献自己的力量。

本书描述了数字人文的起源和发展，也对其潜力和未来发展的可能进行了探讨。虽然数字人文领域中也存在分歧，"有人使用新型数字工具助力相对传统的学术项目"，也"有人认为数字人文在对学术实践的基础层面进行重塑方面大有潜力……"（Gold 2012：x）。但可以确定的是，数字人文正处于蓬勃发展中，是一个能够让异质元素融合的跨学科研究领域，拥有巨大的发展潜力。就像经验社会学和批判社会学之间存在差异一样，我们从之前对知识、认识论、学科特性与研究的迭代讨论中可以看出，数字人文作为一门学科，其内涵在未来将会更加丰富，更有活力，能够为项目、出版物以及各种实践提供不一样的看法。事实上，数字人文领域内部的争论"日益加剧的痛苦是这个领域的标志，因为数字人文的拥护者已经从小范围志趣相投的学者扩大到背景各异的实践者，这些实践者有时会提出颠覆性的问题"（Gold 2012：xi）。就像 Fitzpatrick 说的，"长期在领域中活动的人和初来乍到的人、学科性和跨学科性、制作和诠释，以及领域历史和未来发展之间都存在着一种创造性张力"（Fitzpatrick 2012：14）。这是数字人文作为批判和人文研究发展过程中的关键部分，也是数字人文从早期的技术导向型领域渐渐发展成为一个拥有自己的研究问题，有与众不同的方法论、以实践为导向的研究项目，能够为人文学科做出理论贡献，对人文、公民、国家治理、知识和权力提出关键问题的知识领域的标志。

注　释

第一章

1.在这本书中，我们采纳了 Liu（2016）的建议：将数字人文（digital humanities）视作一个单数领域。他认为数字人文"在语言学中表现为一个集合名词，其特征在于语法家所说的*单数一致关系*（使用一个单数动词）"。他进一步表示，"这个层面上的一致关系不需要引起共识，它只表示该领域的成员同意参与一个共同话题的对话"（Liu 2016：1549）。

2.我们也同样应该注意到，随着社会科学领域中类似情况的发生，出现了数字社会学、计算社会科学等学科。

3.将本书中的方法与 Presner（2015）的方法进行对比是件很有意思的事。Presner 借助 Pickering 和 Marcuse 的著作，将一种批判性方法与"数字人文未来变得具有文化批判性和弱乌托邦性的可能性"联系了起来。

4.Sterne 借用了"录音史中分期的概念，（并且）用'模拟耳'来指代由印刷文字、图片、视频和声音的复制中使用的模拟技术所控制的时期，用'数字耳'指代当下"（2015：19）。

5.这是我们与 Sterne（2015：20）存在分歧的地方。他认为"仅仅因为工具的不同就认为数字人文的研究完全脱离了贯穿几个世纪、几代技术媒介的问题的本质，这是毫无道理的"。当然，将数字人文狭窄地定义为"工具"就不需要回答"知识在历史上的分布情况如何通过存储、处理和传播的数字形式转换形式"这类宽泛的问题，而且这个定义也取决于 Sterne 在这个背景下对"完全脱离"的解释。Sterne（2015：29-31）倾向于将精读实践与"普通工具的使用"相结合，而不考虑像由 Google 图书约 2500 万册书标注形成的大规模数据集进行遥读带来的可能性。

6.市场 1：国内中学辍学者（针对本科学位项目）；市场 2：兼职学习的

本地成年学生（主要针对研究生项目）；市场3：国际留学生（包括本科和研究生）（Veloutsou et al.2005）。

7.就像英国的卓越教学框架（Teaching Excellence Framework）（TEF），它通过一系列衡量指标帮助政府部门对英国大学的教学质量进行监控，这些标准即将出版，有助于学生进行不同大学间的比较分析。

8.宾夕法尼亚大学的研究显示，仅有4%的在校生完成了他们所选的MOOC课程；80%的学生来自人口中最富有的6%的家庭（《福布斯》2013）。

9.Busa进一步表示，"在使用计算机之前，我必须意识到我们之前对人类语言的认知十分欠缺，而且无论如何都不足以编写一个计算机程序。因此使用计算机能够让我们对人类的语言产生更深刻、更系统的认识；一般而言，它可以使我们的人文主义气息更加浓厚"（Busa 1980：89）。

10.巨人（Colossus）是世界首批电子计算机，由英国工程师在第二次世界大战期间制造出来用作文字翻译，也就是破译德军密码。虽然运行是数学和逻辑上的问题，但还依赖于语言学的支持，并且期望的输出结果是可读的文本。

11.Jordan通过"信息政治"的概念有效地将数字人文中的重要问题与宽泛的文化评价联系在一起，从而在开放存取、开放资源、数字权利管理等的争论中衍生出了数字居民，"他们因为参与数字文化而被定义，（但同时他们）也代表着生产与消费之间的间隙已经弥合，正如人们常说的那样……因为只有当我们掌握了这种形式的信息，我们才能充分利用它去生产补充信息，这些补充信息又可以让其他人继续生产补充信息"（Jordan 2015：199）。

12.Koh提醒了我们，正如"众多后殖民批评家已经指出的，文明、礼貌，还有补充的文明社会这些概念一直受到他们的新殖民方面的困扰"
（Koh 2014：95）。

13.Scheinfeldt认为数字人文学者是"学术界的金毛犬"（Scheinfeldt，引
自Koh 2014：95）。不过goldenretrieverstraining.com也指出，虽然金毛犬"一
般与侵犯或攻击性行为这类词无关……但它们有可能对另外一只狗或一个人
低吼、撕扯，有时也会用嘴咬"。

14.Chun（2014：4）的确认为："人文学科将要沉没——如果它们沉没
的话——不是因为它们较早地接受了某些理论或多元文化主义，而是因为它
们屈服于官僚技术统治逻辑。"

15.Grusin进一步表示："高等教育是自我激活的，而后又在网络化数字
技术的传播下壮大。不仅高等教育如此，在技术传播和劳动力技能要求降低
影响下的体制中，劳动和就业的变化方式也是如此。"（Grusin 2016）

16.Chun（2014：1）表示："接纳数字的愚蠢做法就是Lauren Berlant口
中'残酷乐观主义'的一种形式，（Berlant认为）当你渴望的东西实际上是
你繁荣兴旺的阻碍时，你们之间的关系就属于残酷乐观主义。"

17.Grusin（2013）解释说，我们应该借鉴"月亮的背面"来思考这种两
面性，他的意思是说我们需要顾及并试着去理解数字人文中那些不那么光鲜
的元素。

18.Prescott还曾说，"我感觉历史学界已经变得太过内部化，切断了与
外界知识文化的联系，未来将不可救药。我们也许需要在其他地方看看有没
有Tim（Hitchcock）所寻求的回应。我敢说，已经准备好应对这个挑战的也
许是图书馆管理员和档案员，他们将确保历史学界也有自己的'工业革
命'"（Prescott 2014：340）。

19.我们应该注意，"制定"（curate）这个词的词根是关心（care），而关

心研究对象、关心数字和其他事物，正是我们所认为的数字人文应该采取的态度。

20.当我们在书中使用"计算"（compual）这个词时，我们用它来指代计算作为抽象机器时这个集合的整体。因此我们需要对推动这些软件化进程的概念进行评判，同时还要思考需要什么样的经验才能对计算（computal）在认识论层面的类别进行划分。举例来说，辨别计算（computal）的特征之一是它涉及界面和隐藏起来无法访问的结构，无论这种涉及是否令人愉快。

21.虽然人们常常用GAFA（Google、苹果、Facebook、亚马逊）作为硅谷高科技企业的代表，但也许将注意力转向FANG（Facebook、亚马逊、Netfix、Google）才更准确。后面这四家公司更能代表那些关注新兴计算媒体技术（如流媒体技术）的企业（Berry 2011）。

22."大多计算机技术人员不愿意谈论这一点，但是在软件文档中，美是始终存在的（尽管它并不起眼）。美在计算中的重要性是技术领域其他任何方面都难以比拟的……从工程角度来说美非常重要，因为软件是如此复杂而精细……美是实现软件终极目标的可靠指南，这一目标就是摆脱计算机以及概念上的束缚……如果我们没有这种束缚，那指南何在呢？我们怎知前进的方向？美是我们最好的向导。"（David Gerlernter，Kirschenbaum 2004：530）

23.借助工具——这里指的是显宏镜——的介入，数字人文学者能够在不同尺度的数据间快速切换，创造了研究历史和文学的一种上帝视角，这是一个新纪元，也是一种新风尚，不仅满足了*长时段架构*的历史研究需要，也满足了社会历史中微观史学——更确切地说是构成历史本身的奇点的微观史学——的需要。虽然希区柯克（2014）对这种工具的潜力喜忧参半——他曾写道"如果我们要制造一些显宏镜……带给我们蓝色弹珠（the blue marble）那样的景象，那么我们（就应该）把握最微小的细节"，在数字人文学者的实践中，工具的制造与数字人文研究关系十分密切。

24.不过 Pannapacker 后来改变了他的立场，他说"我后悔将数字人文说成是 nbt（下一件大事）了——我本意是严肃的——但它却为某种言论提供了基础，这种言论将数字人文说成是某种过气的风尚，因而大多学术工作者在数字人文学者申请终身职位时都表现得不屑一顾"（引用于 Chun 2014：5）。

25.事实上，我们认为基本编码的技能更类似于人文学科中阅读和写作的解释性技能，这并不是对实践或职业技能的偏见。出于这一点考虑，计算思维的概念有助于在新的数字人文学科中培养这种能力。

26.比如，阿姆斯特丹大学里由 Richard Rogers 领导的数字方法倡议（Digital Methods Initiative）小组利用数字方法研究"天生数字"形式的数据。他们开发的软件可以通过维基百科、亚马逊、YouTube、Facebook、Google 等大型互联网服务商的应用编程接口（API）进行数据搜索和提取。通过统计和可视化方法，或者使用 Gephi 这样的网络分析软件对提取出的数据进行分析，这样的结果是数字方法下可识别性最高的成果。开发出的工具和方法测试成功后就会作为开放资源软件投放市场。详情参见 https：//wiki.digitalmethods.net/Dmi/WebHome。

第二章

1."英国国家图书馆研究"（British Library Research）系列成果中的一系列专著对 20 世纪 90 年代中期之前的人文计算发展进行了颇有助益的概述与总结（Katzen 1990；Kennaand Ross 1995；Mullings 1996）。

2. 数字历史与数字人文的历史足迹和发展轨迹确实各有不同，但还是有一定的重合（Thomas 2004；Gregory 2014）。如果想了解音乐与数字人文的历史发展，参见 Fujinaga 和 Weiss（2004）。如果想了解表演艺术和数字人文的历史发展，参见 Saltz（2004）。如果想查找优秀的数字历史范例，可以参考"中央刑事法庭在线"（Old Bailey Online）（https：//www.oldbaileyonline.org 和 https：//www.londonlives.org，Hitchcock 和 Shoemaker 2015）、"美洲大西洋奴隶贸易和奴隶生活：可视化记录"（Atlantic Slave Trade and Slave Life in the Americas： A Visual Record）项目（http：//slaveryimages.org）、"阴影山谷"（Valley of the Shadow）项目（http：//valley.lib.virginia.edu），还有"历史大丰收"（History Harvest）项目（http：//historyharvest.unl.edu）。

3. 正如 Scheinfeldt（2014）解释的那样，"数字历史（是）长期社会和文化历史活动的自然产物，而不是迟来的 20 世纪 60、70 年代历史量化实验的衍生品。如果将数字历史看作一个历史故事，那么最先登场的一定是像哥伦比亚口述历史办公室（Columbia Oral History Office）的 Allan Nevins 和美国国会图书馆民谣收集计划（Library of Congress's Archive of American Folk Song）的 Alan Lomax 这样的人物，尤其是可以用 Lomax 整理的珍珠港袭击事件后的街头采访资料作为开场"。

4. "要想识别出某种模式，就需要对采集、分组、聚类和重复的内容保持开放态度，也需要对它们建立起的内外部关系做出响应。"（L.Hunter，转引自 Ramsay 2004：195）

5. Kirschenbaum 和 Werner 认为，"软件研究、关键代码研究以及平台研究都是不同形式的方法论，用于培养在当代数字文化宝藏中畅游所必需的批判敏感性和技术敏锐性"（Kirschenbaumand Werner 2014：435）。

6. Barnett（2014：74）提出的问题很有用，他说什么样的数字人文起源故事才会包含像#AntiJemimas 这样的项目。在这个项目中，Kismet Nuñez（#AntiJemimas 的创始人和创意指导）"借用艺术、自传以及表演在 21 世纪的表现形式反对根据种族、性别和个性的不同划分话语领域。有了新媒体作为助力，（Nuñez）将自己划出多个分身，在挑战、主张和自我保护的革命性行动中担负起远超自己本分的责任"。

7. 受篇幅限制，我们在这里无法讲述完整的数字人文历史。但是在更完整的版本中，我们会认为如 G.W.Leibniz 这样的思想家也是数字人文历史的一部分，他发明的计算方法"推理演算"，经过他的继任者 George Boole 和 Gottlob Frege 的创新与延伸，以及后来 Georg Cantor、David Hilbert、Kurt Gödel 和 Alan Turing 的完善，对我们今天所熟知的计算机做出了很大的贡献（Daview 2000；参见 McCarty 2013b）。还有 Ada Lovelace、Charles Babbage、Christopher S.Strachey、Joseph Weizenbaum、Grace Murray Hopper、John von Neumann、Adele Goldberg 等很多人，我们可能会认为他们也是数字人文历史的一部分。我们还会将 1953 年 Strachey 开发的"爱情诗创作器"（Love Poetry Generator）以及 1966 年 ELIZA 开发的软件程序考虑进来，因为他们向我们展示出如何在计算系统中以及如何通过计算系统操控文本。

8. 因为数字人文对世界和对文字的概念化，它在神学中的发源也是很有意思的。正如 Busa 自己说的："我对（1949 年）后（数字人义领域）的发展感到惊异；它们比我当时所能想象的卓越得多，也要美妙得多。这是上帝的鬼斧神工！"（Busa 2004）

9. 不过也许有人会注意到，数字人文中的艺术史项目在基础层面上研究的是可视性和图像的问题。

10. 然而，Golumbia 指出："尽管数字人文坚称自己只是一套方法体系，但如果说它是文学研究中的一种政治干预也是有效力的，其功能之一就是对我们学科中'非数字人文'文学之士的权威发起挑战，特别是通过有目的地同时使用'数字'和'人文'这两个术语的方法。"（Golumbia 2014：157）

11.数字人文领域中的核心期刊包括：由数字人文组织联盟（Alliance of Digital Humanities Organizations）出版的同行评审、开放存取期刊《数字人文季刊（*Digital Humanities Quarterly*）》；《人文研究中的数字学术（*Digital Scholarship in the Humanities*，DSH）》，该期刊原名《文学与语言学计算（*Literary and Linguistic Computing*，LLC）》，更名是希望能更好地反映数字人文这一学科的情况和出版物的内容；《向量：动态方言中的文化与技术期刊（*Vectors*：*Journal of Culture and Technology in a Dynamic Vernacular*）》，这是一本汇集多媒体文本的实验性期刊；由加拿大数字人文学会（Canadian Society for Digital Humanities（Société pour l'Étude des Médias Interactifs））资助出版的《数字研究/数字领域（*Digital Studies/Le champ numérique*）》（Kirschenbaum 2012b：4）。

12.将这些讨论与对档案的后殖民主义批判（比如Mbembe（2015）对档案的批判性看法）进行对比也是一件很有意思的事情。

13.Kirschenbaum写道："要表明数字人文是一个新兴的'策略性'词语，仅从新实证主义的相对主义考虑还不够。更多的，我们需要强调当下毫不掩饰地利用数字人文来完成工作的环境现实，这里所说的工作可能包括建设一支教师队伍、对某个岗位提供资助、构建一个课程体系、完善一个实验室，或是建立一个研究中心。"（Kirschenbaum 2012b：415）他还认为"数字人文是一种方法，而不是终点"，以此延伸"数字人文"一词在策略层面上的意义（2012b：427）。

14.有时，我们也可以从防守性更强的角度来对这个社区的理念进行说明，比如Kirschenbaum认为"数字人文也是如此：只有当你的听众都是有所成就的数字人文学家时，你才是一个数字人文学家，而你的听众之所以能成为数字人文学家，也是因为他们的听众是其他有所成就的数字人文学家。工作、项目资金、研究团队、出版合约、演讲邀约——这些都不是成为数字人文学家的充分条件"（Kirschenmaum 2014：55）。

15.Koh 认为，"在所有的争论中，人们一直强调技术知识是进入数字人文领域的重要条件。技术知识关系到概念的构建，它是研究人员在数字人文领域中履行义务的一种方式"（Koh 2014：99）。

16.水力采矿，也称水力冲挖，是一种使用高压水流移动石料或沉积物的挖掘技术。例如在金矿开采中会利用洗矿槽将金矿从之前得到的水和沉积物的混合浆体中过滤出来。我们不确定将敏感的文化制品比作知识-破碎法下的一种结果形式是否合适，因为这个比喻呈现出一种资源开发的属性，并且将文化历史比作了储备资源。

第三章

1.Wing 认为对计算思维的这一定义出自 2010 年一份未出版的手稿。

2.我们只有在这里才能注意到存在于数字人文各种劳动形式中的复杂情况，例如亚马逊土耳其机器人（Amazon Mechanical Turk）和跑腿兔（Task-Rabbit）等系统中的数字微任务。同样，如果对众包工作不多加注意，就很容易出现无酬雇用劳工、未预料到的剥削利用，以及不公平的知识产权再分配和不平等合约等情况。

3.联系"工作"的概念去思考计算性想象也是很有意思的。这里的"工作"有计算性想象中所必需的工作，也有编码入后数字时代机器算法中或是交托机器算法进行的工作。Campagna（2013）对此有一个有趣的设想，与 Newman 称之为"不亚于如今新时代下升级版的《自我和本我》（*Ego and Its*

Own）"的东西有关（2013：93）。Campagna 写道，"西方人必须寻找一种适用于当代社会结构的神秘方式。如果有人在 21 世纪的全球大都市中心念咒语会是什么样子？还有什么行为既能够承载它的痴迷，又可以作为圆形的魔法盾牌，保护受惊的信众不被对自由的恐惧所侵扰？可能的选择只有一个，而且它几近完美。那就是最好的重复活动：工作。工作是无穷尽的姿态与动作链，它搭建起了金字塔，也探索过古时的万人冢。工作是将一个新的联盟与所有神圣的东西封装起来，再一次让整个人类永远屈服于它。工作是向屈服本身屈服的行为。工作，是未来真正的新信仰"（2013：10）。不过我们认为困扰着人类的并不是没有物质形体的幽灵鬼怪，自我主义者（Egoist）的作用点也不在这里，困扰人类的是由算法和编码组成的计算机抽象概念中的数字物质性，以及认知中实现个性和主观性本身的可能性。

第四章

1.之后，McCarty 表示"模拟"这个词更富有成效，但我们认为 Minsky 所定义的"模型"才是一个有用的概念（Minsky 1965；McCarty 2016）。

2.www.archives.gov/exhibits/charters/declaration_history.html。

3.事实上，由于当时的大型机还不支持小写，所以 Hart 的第一份数字版本的美国《独立宣言》全部都是由大写字母组成的。同样，当时苏联的"国定全苏标准（GOST）"也都是由西里尔（Cyrillic）字母组成。

4.Golbeck 对网络分析进行了精彩详尽的介绍，见 Golbeck（2013）。

5.如果想要了解"HTTP"，可以参考 http：//en.wikipedia.org/wiki/Hypertext_Transfer_Protocol 和 www.w3.org/Protocols/rfc2616/rfc2616.html 这两个网址。"统一资源标识符"（URI）这个术语指的是附带统一资源定位符（URL），即网址的网络资源，参考 www.w3.org/TR/uriclarification。想要了解

"HTML"，参考 http：//en.wikipedia.org/wiki/HTML。元模型指的是模型的模型，即模型使用的元素、属性和规则。RDF 的内容可以参考 www.w3.org/RDF，RDF 本身只包含三个元素，用于识别构造四元结构的三元组系列，不过大多数的系统还会增加一个额外的可选字段来辅助识别。

第五章

1.也就是说，为达成这些目的而去制定政策并不同于克服困难真正去开发可以实现这些结果的技术解决方案。不仅仅因为数字人文对数字项目的难度和复杂程度有着充分的认识，而且数字人文对于稳健的研究基础设施供给和有效的技术解决方案之间的关系也有着深刻的理解。

2.伦敦大学高等研究院（School of Advanced Study at the University of London）下属的瓦尔堡研究所图书馆（Warburg Institute Library）使用的独特分类系统就是展示分类法这种专一性（如果不是特异性的话）的很好范例。Aby Warburg 和 FritzSaxl 修建的这个图书馆拥有一种独特的分类系统，而且该系统已经历经三代图书馆员的完善和扩充，对特定的区域也进行了重新规划。这个分类系统将文化和表达分为四个类别：图像、文字、信仰和行动，与阅览室楼上四个楼层的图书分布一一对应。事实上，有人曾说过"瓦尔堡研究所图书馆这种细致的组织方法能够启发学者在不同研究领域之间建立起联系。开架式的设计也能引导读者找到其他方式下找不到的书，各区域独特的排布模式也有助于读者发现学科间的直观联系"（Warburg 2016）。

3.Kirschenbaum（2012a：6）指出："大型联邦资助机构在资助人文研究的时候，会直接参考某个学术小组成员的意见，这种学术小组虽然规模不大，但成员（学者）非常活跃，且具有一定的影响力。这些资助机构投入稀缺的资源，为一种名为'数字人文'的研究提供大量可获得资助的新机会，而这些机会本身就是带有创新属性的。这种形式毫无疑问是数字人文品牌化的转折点，至少在美国是如此。"

4.有关多媒体的话题可以参考 Rockwell 和 Mactavish（2004）。他们认为原生数字内容的多种格式，尤其是随着互联网的崛起而流行起来的格式，可以经受住数字人文方式和方法的考验。参见 Kolker（2004：383）。

5.增强学校的科研能力有助于学校在每一个学科的专业领域都保持领先地位，也可以激起学者的求知欲，但同时科研能力的提高又受到国家政治经济需求的限制，二者之间的这种逻辑矛盾常常可见于这些文件中。虽然受篇幅限制，我们无法对这个话题进行深入探讨，不过从这些言语中可以看出数字人文对自己的辩白也是存在逻辑矛盾的。

6.参见英国的电子科学（e-Science）项目（Heyand Trefethen 2002）等。

7.2016 年数字人文办公室（ODH）管理的跨大西洋平台（Trans-atlantic Platform）发布了第四轮"数据挖掘"挑战（www.transatlanticplatform.com）。

8.有时人们可能会将研究基础设施建设视为一种使高等教育机构和私立大学自上而下开展变革的手段，这一点也同样令人不安。虽然数字基础设施建设项目的调动方式并不总是如此，但教育机构或高校有时确实希望能够掌握某些研究实践的行政控制权，同时间接掌握学者个人可能采用的研究方法的控制权。数字人文学者应该行动起来反对这种做法，保证人文学数字技术的研究重点是由人文学者和他们对研究基础设施的需求决定的。

9.见 http：//republicofletters.stanford.edu，http：//emlo.bodleian.ox.ac.uk/home 和 http：//ckcc.huygens.knaw.nl。

10.就像 Moretti 在 2004 年所说的那样，"我有一个小小的梦想……希望能有一间更像实验室而不是柏拉图学院的文学教室"（Moretti，转引自 Eakin 2004）。针对这一观点，"以对经典文学的惊人掌握程度而知名的耶鲁英语教授 Harold Bloom 更多的是不屑一顾，他打断了 Moretti 对这一理论的论述，称 Moretti 先生是'荒谬的'"（Eakin 2004）。

11.这里还可以加入弗吉尼亚大学（University of Virginia）的学者实验室（Scholar's Lab）、里士满大学（University of Richmond）的数字学术实验室（Digital Scholarship Lab）、加利福尼亚大学（University of California）的人文与关键代码研究实验室（Humanities and Critical Code Studies Lab）、杜克大学（Duke University）的人文实验室（Humanities Lab）、维多利亚大学（University of Victoria）的电子文本文化实验室（Electronic Textual Cultures Lab）、于默奥大学（Umeå University）的人文实验室（HUMlab）、西安大略大学（Western University）的文化综合体实验室（CulturePlex Lab）、奥胡斯大学（Aarhus University）的数字人文实验室（Digital Humanities Lab）、荷兰皇家艺术与科学院（Royal Netherlands Academy of Arts and Sciences）的阿尔法实验室（Alfalab）等等。

12.www.kcl.ac.uk/artshums/depts/ddh/index.aspx.

13.http：//digital.humanitics.ox.ac.uk.

14.www.gla.ac.uk/subjects/informationstudies.

15.苏塞克斯人文实验室（Sussex Humanities Lab）将数字人文、媒体与文化研究、表演、历史以及社会学联系起来，以期拓宽数字人文研究领域，为跨学科研究创造新的机遇。

16.这里的字符不仅仅表示 1 或者 0，它们也许还代表着"错"和"对"，"否"和"是"，"关闭"和"开始"等其他二元对立项（Finneman 1999）。

17.过去亚马逊对电子计算单元（ECU）是有直接定义的，他们说："我们采用几种标准和几项测试来管控电子计算单元性能的一致性和可预测性。一个电子计算单元与一个1.0 1.2 GHz 2007 Opteron 或 2007 Xeon 处理器的CPU性能相当，也与原始文档中列出的2006 1.7 GHz Xeon 处理器相当。"（Berninger 2010）不过他们现在似乎已经不再使用这一描述了（见 Amazon 2013）。

第六章

1.Galloway 认为，"不加辨别地'采纳工具'，以及继续侵占认知科学、神经科学、计算机科学等领域的实证研究方法，这两种做法对人文学的伤害基本上是其他行为所不能比拟的"（Galloway 2014：128）。

2.数字人文与有利的政治经济环境以及大力的资金支持之间的关联程度深浅并没有引起领域内的足够注意，也没有引发学者对领域本身的思考。

第七章

1.Bruno Latour 的网站就是一个例子，网站上几乎提供了这位多产作家所有著作的最终版本，而其中有些文章的发表，期刊通常是不提供开放存取的。

2.高校或资助机构的开放存取政策几乎都是"绿色"开放存取——先将文献放在开放存取仓库中，经过18~24个月的时滞期后才对外开放——而非以没有时滞期的"金色"模式提交给开放存取期刊（Guardian 2013）。注意，英国的资助委员会要求科学出版物采用"金色"开放存取模式，而社会科学与人文出版物采用"绿色"模式，这是其提供资助的前提。

3.Fitzpatrick（2011）认为同行评审起源于图书审查，后来才应用于学术期刊中。

4.Maeda（2015）表示："我认为未来科技公司会在设计上投入更多的精力。这与汽车行业开始走向成熟的时候是一样的——福特汽车与通用汽车不同，Henry Ford改变了'所有车型只能出售一种主流颜色款式'的理念，使其设计更加多样化，进而从雪佛兰、别克和凯迪拉克等品牌吸引了拥有不同情感诉求的更广泛的用户群体，这就是汽车行业著名的转折点。我们已经看到，在 Google 在 Matias Duarte 的领导下，安卓的增强型'材料'可视化语言在进步；在 John Donahoe 团队的努力下，eBay 的设计领导力也在提高；IBM在建立新的 Austin 中心后，Phil Gilbert 对设计空间进行了优化。"

5.如果我们保持前后思路一致的话，我们就应该沿着Kittler的思路想下去，进而意识到极客们看到的代码也是一种用户界面；一种编程语言就是一种简略的表达方式，让我们可以用较少的精力设计出复杂的程序，鼓励更多的创造性使用方式。我们也可以用汇编程序代码编程，但是现在几乎没有程序员使用这种代码了。相反，我们今天更倾向于使用所谓的"高级语言"和文本编辑器进行编程，而文本编辑器本身就是计算机使用中的一种专用界面。在本章中，我们主要讨论运行程序的界面，针对的是非编程人员的用户读者。

6.界面作为一种时间对象，将间接经验融入一个针对特定语境计算条件、连续界面和平面设计（我们也会称其为"平面存在"（flat dasein））的主观想法中，不断刺激一系列主观想法的产生。这是一个最低层次的主观想法不断受环境和编程人员的无意识认知所强化的过程，这种无意识认知往往产生于编程行业，尤其是认知 - 软件 - 设计的复杂体——硅谷。

7.设计不仅仅是在将高度碎片化的计算经验一致化方面达到理论极限，

同时也是后现代资本主义的生命，Latour（2008）对这两点的思考非常有趣，他说："现在每个使用 iPhone 的人都知道，将 iPhone 的设计成果与筹划、计算、排布、组织、封装、包装、定义、投射、修缮、代码编写、处理等过程的成果区分开来是一件荒谬的事。从现在起，'设计'可以等价于上述动词中的任何一个甚至全部。此外，设计的内涵也延伸了——它所应用的生产集合从未如此之大。设计的内容也已经不再局限于有限的日常用品或奢侈品了。"

8.对连续性界面进行批判是为了使问题暴露出来，其方法可能包括扰乱蓝牙和 Wi-Fi 的天线信号从而影响连续性体验，在连续性技术的构造体系统中接入和切断新的设备，连接跨平台设备（如跨材料和平面设计范式的平台），过量加载数据或者使之超过计算能力负荷等。将连续性转移看作一个物流网络，并且有选择地减慢或加速连续计算目标是一种展示连续性系统的有趣方法。苹果公司的 Continuity Activation Tool 就是连续计算的一个实例，见 https：//github.com/dokterdok/Continuity-Activation-Tool/。

9.我们也可以将界面看作是一份"礼物"，用 Lewandowska 和 Cummings 的话来说，它"有潜力与文化的经济性——将所有的交互都还原为财务计算——相提并论"（Lewandowskaand Cummings 2005：85）。这句话指明了将界面批判划分到数字人文领域的可能性。

10.对该设计传统的综述参见 Hartson 和 Pyla（2012）。

第八章

1.Berry（2013，2014）之前已经对批判性数字人文的理念进行过探索。

2.我们可以从已经开展的数字化和档案项目入手，先进行比较详尽的调查，然后想一想这些项目对特定种族、性别和阶层的演员是否有相似的优待之处，这里的相似之处不仅仅是指内容上的相似，更应包括对档案的选取以及资助对象的确定。

3.Drucker 表示，她有很多同事都倾向于认为"人文学者刚开始加入（数字项目的）讨论时还是相对主义者，但对话结束时他们已经成为实证主义者，因为他们已经从实证的角度认识到'某些批判理论的基本原则是无法适用于数字环境的'"（Drucker 2012：88）。这种人文学科的数字空洞化现象正是我们应该强调和反对的。

4.我们从这里可以看出数字人文与宽泛的道德伦理框架之间的联系，这种联系可以从义务论等方法中提取，也可以从中获得加强。我们还看到了通过某几种倡导方式提出更多政治导向明确的主张的可能性，如可以支持开源项目、拒绝与"封闭的"资助人合作、对同行学者进行教育等。

5.Reuben Brower 又进一步呼吁我们"放慢阅读的速度，理清书中的内容，密切关注文字本身、文字的使用以及文字的内涵"（Brower，转引自 Hancher 2016）。当然，按照同样的理念，我们也应该密切关注数字人文项目各阶段的发展，例如募资、设计、集成、实施以及宣传等，放慢研究的进程，在项目的每一个阶段都进行我们所谓的"人文干预"，这样有助于我们对项目的整个过程以及过程中的决策——比如对男性用户或女性用户的预想，对某些案例分析的参考，或是项目的认识论中最基本的计算主义——进行思考。

6.我们支持学者对类似于 Indyweb 公司推出的技术进行尝试，更支持学者使用关联数据和免授权格式下的开放标准。

7.Chow 进一步指出："法语中'骗取'（captation）一词，指的是以艺术手段进行欺骗、诱骗（或通过欺骗和恭维的方法说服（某人）做某事）的过程，这个词能够准确地说明艺术和被迷惑的状态之间那种模糊却又必不可少的联系，在这一点上是有启发意义的。但是英语中的'迷惑'（captivation）则更加妥帖，相当重要的一点是它在语义上处于侵犯性举动和情感状态的中间地带，而且从主动层面和反应层面上讲都附有陷阱一词的效力，而不是一定要先组织为层级结构再回缩为一个平面。"（Chow 2012：48）

8.当然，这里自相矛盾的地方在于这些不透明的空间本身可能也会引起国家权力机关和情报机关的注意，因为这些机关会对加密行为进行监控——这又再次显示出不透明性和可视性之间的矛盾。

本书参考文献